JN025801

30分でわかる！

THE BEGINNER'S GUIDE TO
MOBILITY AS A SERVICE

MaaS
マース

モビリティ革命

楠田悦子 著

CAR

BUS

技術評論社

アプリでみるMaaSの世界

世界初のMaaSプラットフォーム

Whim フィンランド（MaaS Global）

https://whimapp.com/

　MaaSアプリの代表格で、MaaSの生みの親サンポ・ヒエタネン氏がCEOを務めるMaaS Global（フィンランド）が提供しています。トヨタグループがCASE時代を見据えて同社に投資したため、日本でも一躍有名になりました。

　クルマを所有する暮らしの代わりに、もっと自由な移動とライフスタイルを提供し、環境にやさしく安全で事故の無い社会を目指そうとしています。

ウィーンのモビリティをリアルタイムで確認

Wien Mobil オーストリア（ウィーン交通局）

https://www.wienerlinien.at/

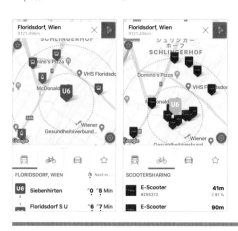

　欧州オーストリアの首都ウィーンで提供されているアプリです。住民向けで、自分がいる周辺で、鉄道、トラム、バス、カーシェア、自転車シェアなどのモビリティサービスが使えるかがリアルタイムで分かるようになっていることが特徴的です。

　このアプリの事例から、料金分配や情報連携などを行う組織体制の整備、行政やサービス提供側のデジタル化などが必要であることを学べます。

アプリからWebブラウザーベースに

Izuko（伊豆における観光型MaaS実証実験実行委員会）

https://www.izuko.info/

日本でMaaSを語るとき、東急は欠かせません。同社は観光地におけるMaaS（観光型MaaS）と東急沿線郊外のMaaS（郊外型MaaS）に取り組んでいます。

Izukoは伊豆半島ではじめた観光型MaaSで、開発当初はダイムラーの子会社moovel（ムーベル）のシステムを使っていたことでも話題を呼びました。

日本のMaaSの変遷は東急の動きを追うと見えるものが多いでしょう。

小田急線沿線を中心にサービスを展開

EMot（小田急電鉄）

https://www.emot.jp/

私鉄の東急と同じく日本の代表的なMaaSアプリを提供しているのが小田急電鉄です。日本のどこにいても「会いたいときに、会いたい人に、会いに行ける」。次世代の"モビリティ・ライフ"の実現を目指しています。

自社で完結することなく、オープンであることを大切にしており、交通データやフリーパス・割引優待などの電子チケットを提供するためのデータ基盤（MaaS Japan）をつくっています。

トヨタ主導の全方位的MaaSアプリ

my route （トヨタ自動車／西日本鉄道）

https://www.myroute.fun/

トヨタ自動車がつくったMaaSアプリ。MaaSという言葉が出る前から、「移動の総量を上げること」を目標に、クルマにこだわらず、公共交通、自転車シェア、レンタカーなど様々な移動手段を組み合わせたアプリを提供しています。福岡の西日本鉄道とはじまった取り組みで、神奈川県横浜市、福岡県の北九州市と福岡市、熊本県水俣市、宮崎県の宮崎市と日南市など徐々に展開地域を増やしています。

あらゆるモビリティをミックスした経路検索

mixway （ヴァル研究所）

https://mixway.ekispert.net/

日本のMaaSアプリを裏側で支えているのが、Yahoo！乗換案内などに検索エンジンを提供しているヴァル研究所の複合経路検索エンジン「mixway」。既存の公共交通や自転車シェアなどのサービスも検索できます。

Webサイトやアプリに、鉄道やバス、タクシー、シェアサイクル、デマンドモビリティに対応したマルチモーダルな経路検索を容易に組み込める「mixway API」を提供しています。

経路探索エンジンのデフォルトスタンダードへ

NAVITIME（ナビタイムジャパン）

https://www.navitime.co.jp/

"道路の検索エンジン"の研究者である大西社長と"公共交通の乗換エンジン"の研究者である菊池社長がつくった会社ナビタイムジャパン。

トータルナビは、クルマ、徒歩、自転車などと、時刻表やダイヤに基づく公共交通の乗換検索を組み合わせて一度に検索することができ、最近では自転車シェア、ルート検索結果からそのまま「タクシー配車」「飛行機の予約」が可能になっています。

毎日の移動に新たな価値を創造する

WILLERS（WILLER）

https://travel.willer.co.jp/maas/

バス業界に革命を起こしたウィラー。バスのみならず、京都丹後鉄道の鉄道運行などに事業を拡大し、「移動」に新たな価値を創造しようとしています。また国内にとどまらず、日本と交流人口の多いアジアへと展開しています。

ウィラーのMaaSアプリは観光型MaaSです。高速バスの全国網を核に、直感的に感じた「ここに行きたい」を「行ける」に変えたいと考えています。

東京メトロだけではない複合検索が可能

東京メトロmy!アプリ（東京メトロ）

https://www.tokyometro.jp/mobiledevice/smartphone/my/

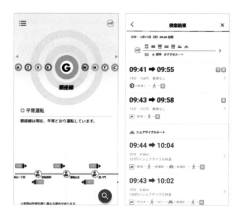

東京の地下鉄「東京地下鉄（東京メトロ）」がつくる、鉄道、シェアサイクル、タクシー、コミュニティバス、航空などの多様なモビリティやサービスと連携した大都市型MaaSアプリです。2020年3月にサービス開始となりました。

東京メトロmy!アプリのキーワードは、「パーソナライズド」「リアルタイム」「更なる稠密性（ネットワークが密な様子）・連続性の追求」の3点です。

世界のどこでも行きたい場所へナビゲート

Google マップ（Google）

https://www.google.com/maps/

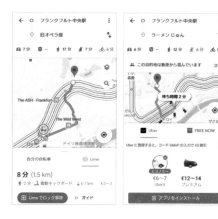

Googleが提供している地図・検索サービス。世界中どこでも使えることが特徴です。

マップ表示モード（レイヤ）には、地図、航空写真、地形の3つがあります。またクルマ、公共交通、タクシーやライドシェア、自転車シェアや電動キックボードシェアでの経路検索ができるようになっています。さらにお店などのスポット、交通渋滞、カレンダーとの連携などの機能が豊富に揃っています。

日立の移動をもっと自由に
Hitachi City MaaS Project
（日立市新モビリティ協議会）

https://hitachi-city-maas-project.navitime.jp/app/index.html

　茨城交通、みちのりホールディングス、日立製作所などで構成される日立市新モビリティ協議会は、日立地域においてMaaS の実証実験を行っています。自家用車への依存度が高い地方部において、公共交通の利便性を高め、地域における社会課題の解決を目指すものです。大沼BRT、通勤型デマンドサービス、ラストワンマイル型デマンドサービスなどの工夫が見られます。

せとうちの旅をナビゲート
setowa
（JR西日本）

https://www.jr-odekake.net/navi/setowa/

　JR西日本が2020年から岡山県（倉敷市・岡山市など）、山口県（岩国市など）、愛媛県（松山市・今治市）、広島県全域を中心とするせとうちエリアでサービス開始した観光型MaaSアプリで「観光ナビ」として紹介しています。話題のスポットの紹介、旅のスケジュール作成、新幹線やレンタカー、レンタサイクル、ホテルなどの予約、チケットの購入などができます。

2021年、東北全県での本格導入へ
TOHOKU MaaS 仙台・宮城 trial
（JR東日本／宮城県仙台市）

https://tohoku-maas.com/miyagi/

　JR東日本・宮城県・仙台市は、複数の移動手段や観光などの検索・予約・決済をシームレスに行える「仙台圏における観光型MaaS」を「東北デスティネーションキャンペーン（2021年4月〜 9月に開催）」での本格導入に向けて、2020年に実証実験を行いました。主に検索、予約、決済の機能が付いています。JR東日本は他地域でも連携を進めています。

ドイツの旅には欠かせない

DB Navigator （デーベーナビゲイター）
ドイツ（ドイツ鉄道［DB］）

https://www.bahn.de/

　ドイツ全土に鉄道網を持つ「ドイツ鉄道（Deutsche Bahn、DB）」が2009年から提供しています。経路検索、長距離列車の予約やクレジットカードによる決済はもちろんのこと、利用明細などの発行も可能です。またQRコードが発行され、車内確認の際にスタッフが持つ端末で購入情報を確認することができます。またトラム・バスなどのチケットの発券も一部可能です。

リアルタイムに情報をキャッチ

VBB （ファウベーベー）
ドイツ（ベルリン＝ブランデンブルク交通連合）

https://www.vbb.de/

　ドイツの首都ベルリンを含むベルリン＝ブランデンブルク地域の交通連合が独自に出している時刻表アプリです。地域内を走る鉄道やバスなどがGPSを付けて走って情報を公開しているため、リアルタイムに動いている状況がアプリ画面で見ることができて興味深いです。バスはどこを走っているかわからないから使いにくいと感じる問題が解決されるでしょう。

ベルリン在住者が常備

BVG （ベーファウゲー）
ドイツ（ベルリン市交通局）

https://www.bvg.de/

　ベルリン市交通局（BVG）が提供しているアプリです。域内鉄道、地下鉄、バスなど BVGが提供している交通サービスの切符をすべて購入可能です。バス停や地下鉄などの位置が大きくマッピングされている点が特徴です。ベルリン在住者はBVGが一番使い勝手が良いようで、日常はBVG、遠出をするときはDB Navigator といったような使い方をしているようです。

2大メーカーが5つのサービスで統合

REACH NOW
ドイツ（BMW Group／Daimler AG）

https://www.your-now.com/

　欧州では自動車メーカーであるダイムラーやBMWがモビリティサービスを提供しています。マルチモーダルサービスの「REACH NOW」、充電ステーションサービス「CHARGE NOW」、タクシーやE-スクーターなど多様なモビリティサービスを提供する「FREE NOW」、パーキングサービスの「PARK NOW」、カーシェアの「SHARE NOW」です。

ベルリンのあらゆる移動をカバー

Jelbi（ジェルビー）
ドイツ（ベルリン交通局）

https://www.jelbi.de/

　ドイツの首都ベルリンの「ベルリン市交通局」がリトアニア発のスタートアップ「Trafi（トラフィー）」と連携して2019年から提供しているアプリです。ベルリンの公共交通、スクーター、自転車、車、タクシー、ライドシェアを利用できます。Trafiはベルリンのみならず、ヴィリニュス、ミュンヘン、ベルン、バーゼル、チューリッヒ、プラハでも展開しています。

世界を歩くためのMaaSアプリ

City Mapper
イギリス（Citymapper）

https://citymapper.com/tokyo

　イギリス・イングランドの首都ロンドンでもっとも便利なアプリではないでしょうか。Googleマップよりも使い勝手がよく、公共交通、ライドシェア、自転車シェアなどあらゆる移動手段を使いこなすことができます。ロンドンのみならず、パリ、ニューヨークなどヨーロッパ各国とアメリカのいくつかの都市、そして実は日本にも対応しています。

スイスでの移動はおまかせ

SBB Mobile（エスベーベーモバイル）
スイス（スイス連邦鉄道［SBB］）

https://www.sbb.ch/

　スイス連邦鉄道（Schweizerische Bundesbahnen、SBB）が提供するアプリで、300万人以上のユーザーを獲得しています。経路検索、予約・決済、QRコードでの予約確認が可能です。特徴的なことは、チケットの購入や乗継の不自由さをできる限り低減させるために、アプリのチェックイン・チェックアウトで自動発券するEasyRide-SBBを組み込んでいる点です。

コペンハーゲンの標準アプリ

MinRejseplan（ミンライゼプリン）
デンマーク（デンマーク国鉄ほか）

http://webapp.rejseplanen.dk/

　北欧デンマークの首都コペンハーゲンのMaaSアプリ「Min Rejseplanen（英語訳My Journey Planner）」。これはデンマーク人の約6割以上にあたる約370万人が利用する公共交通の乗換検索アプリ「Rejseplanen」の進化形です。デンマーク国鉄（DSB）、バス事業者を中心に地方鉄道や地下鉄を管理運営する北ユランド交通公社（NT）など7つの公社がオーナーとなっています。

日本ともつながるMaaSアプリ

Zipstar（ジップスター）
シンガポール（Mobility-X）

https://www.mobility-x.com/

　シンガポールで鉄道やバスなどを運営するSMRTコーポレーションから出資を受け、2018年2月に設立されたスタートアップ「モビリティX社」が提供するMaaSアプリ。公共交通、ライドシェア、自転車シェアなどを検索できます。豊田通商グループが出資しており、小田急電鉄の共通データ基盤「MaaS Japan」と相互接続しています。

高雄の公共交通が乗り放題

Mengo（メンゴー）
台湾（高雄市ほか）

https://www.men-go.tw/

　台湾南部の高雄（たかお）市のMaaSアプリです。通勤・通学する人に対する料金プランがユニークで、料金プランは4つあります。MRT、LRT、バス、Cバイク、タクシーの乗り放題プラン、バスの乗り放題プラン、長距離のバスの乗り放題、フェリーの乗り放題があります。日本のように通勤定期があり企業が支払う国は少ないのです。

台北の渋滞を緩和

Umaji遊.買.集（ユマジ）
台湾（台湾交通通信省／中華電信）

https://www.metropia.com/

　台湾北部台北の台北市、新北市〔ニュー台北、宜蘭（イーラン）〕で提供されているMaaSアプリです。台湾交通通信省と台湾通信大手の中華電信が共同で開発・運営しています。台北から宜蘭の道路は商業エリアで、休日には台北からたくさんの人がクルマで買い物に向かうため、平日の3～4倍渋滞します。その渋滞の緩和が目的です。

切符からアプリにシフト

HSL（エイチエスエル）
フィンランド（ヘルシンキ地域交通局）

https://www.hsl.fi/

　フィンランドの首都ヘルシンキ地域交通が提供するアプリです。"スマートフォンがチケットになる"という発想でつくられており、非常に使いやすいです。シーズン券、1日券、ゾーン券の購入ができ、スマートフォンに発行するQRコードを見せることで切符の代わりになります。また乗換検索ができたり、運行情報や領収書を取得できたりします。

Contents

Part **3** 多様化するモビリティ

MaaSを構成する
移動サービス

Part

5

バリューチェーンが鍵！？

MaaSによる
課題解決と成長戦略 119

Part

1

なぜ注目されるのか?

社会課題の解決や
社会のあり方を変える
MaaS

MaaS
（Mobility as a Service）とは？

▶ MaaSが実現する文化的で持続可能な暮らしと地域づくり

　MaaSことMobility as a Serviceは「モビリティ・アズ・ア・サービス」と読み、通常は「マース」と略します。MaaSが目指すのは、**デジタルの力をうまく使って、環境にやさしく、クルマを自分で運転できなくても、文化的で持続可能な暮らしと地域づくりを可能に**することです。

　私たちの暮らしや社会は、いつの時代も多くの課題を抱えています。日本国内においては、総人口が減少しはじめており、総務省によると（2019年）、高齢者人口は3,588万人、総人口に占める割合は28.4%と過去最高になりました。高齢者の免許保有者が男女で増えており、事故や免許返納後の移動手段の確保などが課題となっています。また、交流人口を増やすために、観光立国としての環境整備に国も自治体も力を入れています。

　海外では、都市に人口が集中する都市化、クルマ利用者の増加による渋滞や環境問題が深刻化しています。特に、欧州では、環境問題に対する意識が非常に高く、日本同様に自動車メーカーを抱えるドイツ、フランスなどでもクルマ移動を減らし、ヒト中心の地域づくりが推進されています。また、アジアやアフリカなどでは、公共交通、クルマ、自転車などが使うことができないため、何時間もかけて水を汲みに行くなど、貧困の原因になっているような地域もあります。MaaSは2015年9月の国連サミットで採択されたSDGsとも密接で、社会課題の解決や社会のありたい姿を描いたビジョンの実現に有効な考え方だとして注目されています。

● MaaSの目標

高齢化社会

免許返納でクルマを
運転できなくなったら
どうしよう?

観光立国
として
環境整備

自分で計画して
地方にも行きたい

SDGsとも
密接

環境問題、
経済問題……
なんとかしないと

MaaSによって実現
文化的で持続可能な
暮らしと地域づくり

MaaSの読み方
話したり、文章で記載したりする場合は、「マース」と略
す。英語では、「マー」の部分を強く長めに発音。日本で
は「ス」の部分を「ズ」と濁らせて「マーズ」と発音する人も。

公共交通＋新モビリティサービスで自由な移動を提供

● デジタルで移動サービスをつなげる

　私たちの暮らしに欠かせない移動やそれを支える移動手段も、PCやスマートフォンなどのデジタルデバイスの普及、IoT、AI、5G、ロボットなどの第4次産業革命やSociety5.0とともに進化しています。鉄道、バス、タクシーといった公共交通に加えて、2010年頃から自転車シェア、カーシェア、電動キックボードシェア、AIを活用したデマンド交通、自動運転といった新たなサービスがどんどん登場してきています。また鉄道やバスなどの乗換検索、経路検索のウェブサイトやスマートフォンアプリ、クルマのカーナビゲーションシステムなど、位置情報や目的地への経路案内をするサービスや機器も進化しています。

　このようなデジタル化が進む時代の中で、MaaSは生まれました。MaaSは環境にやさしく、クルマを自分で運転できなくても、文化的で持続可能な生活ができる地域を実現するために、**移動に関するサービスをうまく組み合わせて、1人ひとりのニーズに合わせた移動サービスを提案しようとする概念**です。デジタル技術を使うと、これまで実現できなかったサービスが実現できたり、いろいろな移動サービスを組み合わせて提供したり、地域住民に情報提供ができたり、斬新な料金プランの提案や、支払い方の選択肢を増やしたり、移動価値を高めたりといったチャレンジができます。

　MaaSは環境意識の高い欧州発の概念であるため、個々人がクルマを所有する生活から、鉄道を軸に公共交通や新モビリティサービスを利用した生活に転換を促すサービスが基本形とされています。

クルマだけに頼った生活

環境にやさしく、
自分でクルマを運転できなくても
困らない暮らしと社会

デジタルで移動サービスを組み合わせて
1人ひとりのニーズに合わせて提供する

自転車・PMV

自動車（四輪・二輪）

歩く・歩行補助

飛行機・船

バス・タクシー

鉄道

代表サービスはフィンランド MaaS Globalの「Whim」

◉ MaaS はフィンランドからはじまった

クルマを所有する生活から、鉄道を軸に公共交通や新モビリティサービスを利用した生活に転換を促すサービスMaaSの基本形の定義を提唱した国はフィンランドです。

そしてMaaSを普及する活動の中心人物がフィンランドのMaaS GlobalのCEOを務めるサンポ・ヒエタネン氏です。同社が提供するスマートフォンアプリ「Whim（ウィム）」は、MaaSアプリの代表格だといわれています。MaaSを説明する資料では、必ずといっていいほど、Whimのアプリの機能が紹介されています。

Whimでは、鉄道、バス、トラムに加えて、タクシー、自転車シェア、カーシェアなどを加えた経路検索ができます。またクルマを所有するライフスタイルからクルマを使わないライフスタイルの提案を意識していて、それに対抗したサービス設計や定額制の料金プランの設定を行っていることも特徴です。料金プランは4つあります。一番象徴的なプランは月額499ユーロ（約6万円）の「Unlimited（乗り放題）」で、指定エリア内の電車、バス、トラム、フェリー、自転車シェア、カーシェアが、回数無制限で利用可能、タクシーは最大5kmまで80回まで利用可能になります。

このフィンランドが提唱するMaaSの概念は、都市部のクルマの台数を減らして、公共交通やシェアリングサービスを使った環境にやさしいライフスタイルを推進する新しい政策の手法だとして、交通政策の関係者などに支持されています。自動車メーカーなどからも、自動運転を導入する際の基礎となるとして注目されています。

● MaaSを体現するスマートフォンアプリ「Whim」

MaaS GlobalのCEOを務めるサンポ・ヒエタネン氏

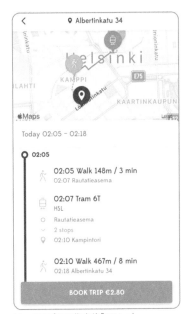

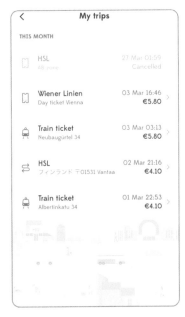

MaaSアプリの代表格「Whim」

MaaSのレベル定義とは？

● 目指すは地域の課題の解決

　MaaSのレベル定義は、スウェーデンの研究者がまとめたもので、レベル0からレベル4まであります。

　MaaSは移動に関するサービスをうまく組み合わせて（マルチモーダル）、1人ひとりのニーズに合わせた移動サービスを提案しようとする概念です。また、先にも述べたとおり、最終的にMaaSが目指していることは、デジタルの力をうまく使って、環境にやさしく、クルマを自分で運転できなくても、文化的で持続可能な暮らしの実現と地域づくりです。そのため、MaaSのレベル定義では、さまざまな移動サービスを組み合わせていないものには厳しく、多くを組み合わせた**マルチモーダルなものに対しては評価が高く**なります。

　また近年では、動画配信サービスなどに見られる、1か月間動画が見放題（サブスクリプションモデル）といった料金プランや、決済方法なども多様化してきており、MaaSの料金プランにおいても、多様性の高いものが評価されます。そして最終的には地域社会の課題解決まで踏み込んだものを最上級レベルに据えています。日本国内でも、できるだけ高いレベルのものをつくろうとMaaSレベルを意識したサービス設計をする企業や自治体もあります。

　このMaaSレベルに合わせて、現在提供されているアプリを分類すると、日本のアプリの多くが、レベル0やレベル1に分類されます。そのため日本は欧州と比較すると遅れていると言われがちです。しかし、スウェーデンと日本では環境が異なるため、**必ずしも日本の実情に合ったレベル定義ではない**ともいえるでしょう。

● MaaSのレベル定義

レベル 4

Integration of societal goal
社会全体の目標の統合
社会課題の解決、ビジョンの実現

レベル 3

Integration of the service offer
サービス提供の統合
定額制などのパッケージサービスの提案

レベル 2

Integration of booking & payment
予約・支払いの統合
移動サービスの予約や決済もアプリ上で提供

レベル 1

Integration of information
情報の統合
さまざまな移動サービスを組み合わせた移動や料金

レベル 0

No Integration
統合なし
移動サービスの組み合わせなし

スウェーデンの研究者がまとめたMaaSレベル（出典：Jana Sochor 2017）

そもそもMobilityとはなんだろうか？

●「動きやすさ」「移動」「移動手段」

　Mobility（モビリティ）を英語で意味を調べると「ability to move freely（動きやすさ）」と出てきます。動かすことができる電話「mobile phone（携帯電話）」。移動する診療所「mobile clinic（移動診療所）」、移動できる図書館「mobile library（移動図書館）」などで、日常生活にも溶け込んでいる「モバイル（mobile・可動性の・動きやすい）」の名詞です。交通や自動車分野で用いるときは、**Mobilityの意味の基本はヒトやモノの「動きやすさ」「移動」**です。しかし意味が発展して、自動車、自転車、電動車いすなど移動を支える「移動手段」や鉄道、バス、タクシーなど移動手段を用いた「サービス」もMobilityという場合もあります。

　最近では、**自動車メーカーの関係者は、「自動車」をMobilityと呼ぶ**ようになってきています。「SDGs（エスディージーズ）」などの取り組みが注目されるなか、自動車やそれに付随するサービスを提供する事業者などは、それを単体で捉え利益だけを追求するのではなく、気候変動、健康や福祉、貧困問題、住み続けられるまちづくりなどへの考慮が求められていることが背景にあります。また電気自動車や水素自動車などのように、自動車の内燃機関が電動化し、情報通信技術の進展により、自動車が道路、建物、都市、他サービスとつながり、新たな進化を遂げつつあることも関係しています。そのため、これまでの自動車の概念では収まらなくなってきており、**新しい移動のかたちを提案する"移動体"**という意味合いを含ませて、自動車をMobilityと呼ぶようになってきています。

● Mobilityとはヒトやモノの「動きやすさ」「移動」「移動手段」

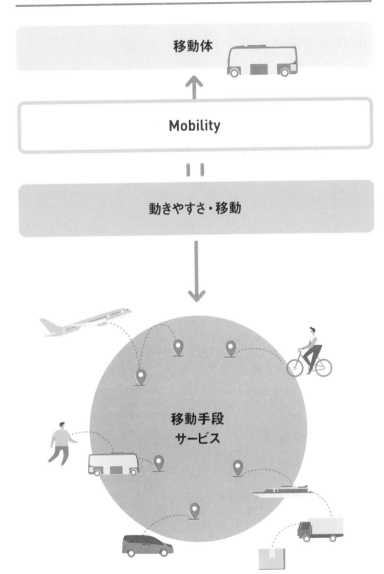

移動体

Mobility

＝

動きやすさ・移動

移動手段
サービス

「as a Service」という言葉の意味は?

● 新たな価値をつけてサービスとして提供するビジネスモデル

「as a Service（アズ・ア・サービス）」は、継続的に顧客とつながる新たな価値をつけて、個々人のニーズに応じて最適なサービスを提供するというビジネスモデルです。情報通信技術の普及で、商品や顧客とつながることが容易になった背景があります。

「as a Service」はMobility as a Serviceだけに使われている言葉ではありません。Software as a Service（ソフトフェア・アズ・ア・サービス）、Platform as a Service（プラットフォーム・アズ・ア・サービス）、Infrastructure as a Service（インフラストラクチャー・アズ・ア・サービス）などさまざまな「as a Service」が存在します。Software as a Service（略して「SaaS（サース）」）では、身近な例を挙げるとマイクロソフトの「Office」（Microsoft 365）があります。

製品販売ではなく、継続的に顧客とつながる新たな価値をつけて、サービスとして提供するというビジネスモデルは、定期的なメンテナンスをセットにするサービスなど、as a Serviceの言葉が生まれるより前からありました。しかし、近年では**インターネットやスマートフォンの普及などにより、さらにas a Serviceが提供しやすく**なってきています。あらゆるモノがインターネット経由でつながり（IoT）、遠くからでも状況を知ることができるようになったことも要因の1つです。さらにAIや5Gが注目されるように情報処理能力が上がり、データベース、ストレージ、アプリケーションをはじめとするさまざまな機能を、オンラインで使用・決済ができるクラウドサービスの活用が進んだことも重要なポイントです。

● as a Serviceというビジネスモデル

| Platform | Software | Infrastructure |
| プラットフォーム | ソフトフェア | インフラストラクチャー |

モノとして提供

家電量販店などで製品として購入

↓

サービスとして提供

サービスの使用料を支払う（月額など）

たとえばマイクロソフトの「Office」（Microsoft 365）。以前はOfficeのCD-ROM
をバージョンが上がるごとに、家電量販店などで購入して、PCにインストールして
いたが、現在では一定額の料金を払うことで、Excel、Wordなどの定番アプリケー
ションに加え、大容量のクラウドストレージの利用が可能になるほか、常に最新ソ
フトウェアにアップデートされるなどサービスの質が向上。

日本で独自に進化する
2つのMaaSの定義

●「広義のMaaS」と「狭義のMaaS」

　「Mobility as a Service」の言葉の成り立ちはわかっても、抽象的な概念であるためか、その定義は難しく、国や環境によって、さまざまな定義の整理がされています。

　日本国内では主に「広義のMaaS」「狭義のMaaS」の2つの定義に整理され、議論されています。

　1つは大きなくくりとして、移動や移動手段にIoTやAIを活用するモビリティサービスです。継続的に顧客とつながる新たな価値を付けて、個々人のニーズに応じた**最適なサービスを提供するビジネスモデル**と捉えるとよいでしょう。このような考え方は、日本では**「広義のMaaS」**と整理され、主に**自動運転のクルマが走る時代を目指した動き**といえます。

　交通分野では、MaaSを政策に活用する動きが活発です。公共交通に加え、自転車シェアやカーシェアなどの新たなモビリティサービスを単体でサービス提供するのではなく、個々人のニーズに応じて組み合わせ、**新たな価値を提供するサービスモデル**です。この考え方の根底には、クルマを自分で運転できなくても、文化的で持続可能な生活ができる地域をつくるという哲学があります。

　こうした動きは、日本国内では独自に「広義のMaaS」と区別するために、「狭義のMaaS」と定義されています。この定義が海外においても一般的で、**公共交通を基軸に置いた整理**です。

　本書では、この「狭義のMaaS」に軸足を置いて説明をしていきます。

● 日本における2つのMaaSの定義

Mobility
ヒトやモノの「動きやすさ」「移動」
「移動手段」

as a Service
商品販売ではなく継続的なサービス
として提供するビジネスモデル

MaaS（Mobility as a Service）

日本で独自に進化する2つの定義

〈広義のMaaS〉
IoTやAIを活用するモビリティサービス

〈狭義のMaaS〉
マルチモーダルサービス
複数の交通を統合し、一元的に検
索・予約・決済が可能。
フィンランドの「whim」やドイツの
「REACH NOW」が代表的なサー
ビス

貨客混載・
ラストマイル配送
無人化等
物流サービスの高効率化、省人化・
無人化を実現するサービス

カーシェア・デマンドバス・
相乗りタクシー等
新たな移動手段を提供、既存の交
通手段の利便性を向上。
「タイムズカーシェア」「GO」などが
代表的なサービス

周辺サービス連携・
駐車シェア等
「Urber Eats」（出前・宅配）
「akippa」（駐車場予約）等

「観光型MaaS」「都市型MaaS」「地方型MaaS」とは？

● 地域の特性や目的に応じて区分

　MaaSの分類として、「狭義のMaaS」や「広義のMaaS」以外にも、「都市型MaaS」「郊外型MaaS」「地方型MaaS」「過疎地型MaaS」などをよく目にします。これは地域特性に応じて区分されたものです。

　国土交通省の分類では、「大都市型」「大都市近郊型」「地方都市型」「地方郊外・過疎地型」があります。たとえば、大都市型の地域特性は、人口密度が高く、交通体系は鉄道が主体で、地域課題は移動ニーズの多様化、渋滞や混雑などで、MaaS導入の目的はすべての人にとっての**移動利便性の向上や日常的な混雑の緩和**などだと想定されます。

　また目的に応じたさまざまなMaaSが展開されています。**観光用の「観光MaaS」**、福祉用の「福祉MaaS」、医療に関係する「医療MaaS」、障がい者を対象とする「ユニバーサルMaaS」などです。このようにデジタル化が進むと、移動サービスと他の分野が連携しやすくなるため、ユニークなMaaSがたくさん登場してきています。

　欧米のMaaSは大都市型MaaSが多く鉄道が主体で、駅からのラストマイルを自転車シェアやカーシェアで補うようなものが多くみられます。一方、「日本版MaaS」の特徴は、地方型MaaSなどの大都市以外の地域に着目したものや、移動サービス以外の他分野と連携したMaaSが多いことだといわれています。日本と欧米では、交通システム、組織体制、税金の投入の仕方が異なります。日本の場合は、移動サービスを組み合わせるだけでは価値向上につながらないようです。

● 地域特性に応じたMaaS

大都市型
人口：大
人口密度：高
交通体系：鉄道主体

- すべての人にとっての移動利便性の向上
- 日常的な混雑の緩和

- MaaS相互間の連携
- 多様なモード間の交通結 節点の整備
- ユニバーサルデザインへの配慮
- 多言語での情報提供など

相乗りタクシー、超小型モビリティ、
シェアサイクルなど

大都市近郊型
人口：大
人口密度：高
交通体系：鉄道／自動車

- ファースト／ラストマイルサービスの充実
- 特定条件下での局所的

- 大都市MaaSとの連携
- 基幹交通とファースト／ラストマイル交通の統合
- 生活サービスとの連携
- 多様な決済・乗車確認手段の提供など

カーシェア、オンデマンド交通、
将来的な自動運転サービスなど

地方都市型
人口：中
人口密度：中
交通体系：自動車主体

- 地域活性化に向けた生活交通の利便性向上
- 域内の回遊性の向上

- 他地域MaaSとの連携
- 新たな乗換拠点の創出
- 複数交通モードでの定額制サービス
- 生活サービスとの連携
- 多様な決済・乗車確認手段の提供など

オンデマンド交通、カーシェアなど

地方郊外過疎地型
人口：低
人口密度：低
交通体系：自動車主体

- 生活交通の確保・維持
- 交通空白地での交通

- 近隣MaaS等との連携
- 地域内の様々な輸送資源の統合
- 生活サービスとの連携など

過疎地域における貨客混載、道の駅等の
小さな拠点を核とした自動運転サービスなど

型	地域・特性
導入目的	
MaaS実現のイメージ	
移動サービス例	

観光地型
人口：ー
人口密度：ー
交通体系：ー

- 観光客の回遊性の向上
- 訪日外国人の観光体験の拡大・向上

- 空港アクセス交通、都市間幹線交通含む
  MaaSとの連携
- 手荷物配送サービスとの統合
- 観光サービスとの連携など

オンデマンド交通、グリーンスローモビリティなど

（出典：国土交通省作成資料
『日本版MaaSの実現に向けて』より作成）

移動手段やサービスが足りない

　筆者が取材を通じて感じることは、MaaS の理想を実現させるためには、移動手段やサービスの種類が足りないという実情です。寝ていても行きたいところへ連れて行ってくれるような自動運転の実用化は、随分先のようです。また、都道府県の県庁所在地ですら、鉄道、バス、タクシーなど、昔からある公共交通が充実しておらず、いくつかの移動サービスを組み合わせようにも、組み合わせられない街もたくさんあります。

　昔から日本にあり、活用の余地がある移動手段でさえ、知られていない、活用方法が分からない、デザインや機能が悪い、高価で買えない、道路整備・教育・周囲の理解などが足りないものがたくさんあります。

　高齢者や障害者なども楽しく安心して外出でき、さらには人口密度が低い地域でも使える移動手段やサービスをやわらかな発想で生み出し育てていく必要があります。

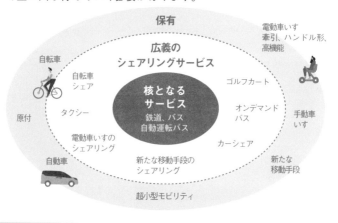

Part

2

移動に付加価値を

変わる
モビリティビジネスの
かたち

トヨタが国内のMaaSの火付け役。
自動車からモビリティカンパニーへ

● CES2019で発表した「e-Pallet」とトヨタのMaaS

　日本国内のMaaSの火付け役は、国内外で自動車のみならずさまざまな産業に影響力があるトヨタグループです。

　2017年には、トヨタファイナンシャルサービスが、あいおいニッセイ同和損害保険とともに（そしてデンソーも）、MaaSの生みの親ともいわれるサンポ・ヒエタネン氏がCEOを務めるフィンランド・MaaS Globalに出資しました。

　さらに2018年1月、トヨタ自動車の豊田章男社長は、米国ラスベガスの世界最大級の家電見本市CES（Consumer Electronics Show）で、移動、物流、物販など多目的に活用できるMaaS専用次世代電気自動車 "e-Palette Concept" とMaaSビジネスにおけるモビリティサービスプラットフォーム（MSPF）を発表しました。

　豊田社長はこの2018年のCESの記者発表会で、「自動車産業は今、電動化、コネクティッド、自動運転などの著しい技術の進歩により、100年に一度の大変革の時代を迎えている。トヨタを自動車をつくる会社からモビリティ・カンパニーへ変革する」と決意表明を行いました。自動車をつくってきた実績に加え、自動運転やカーシェアなどの時代に合わせて、自動運転車やさまざまなコネクティッドサービスに必要なモビリティサービスプラットフォームをつくる会社になる —— そのトヨタのビジョンを示した一例として、e-Paletteとモビリティサービスプラットフォームを発表しています。この世界を代表するリーダーの大号令により、日本でMaaSがキーワードの1つとして注目されるようになりました。

● トヨタの "e-Palette Concept" とモビリティサービスプラットフォーム

e-Palette Concept (イーパレット・コンセプト)

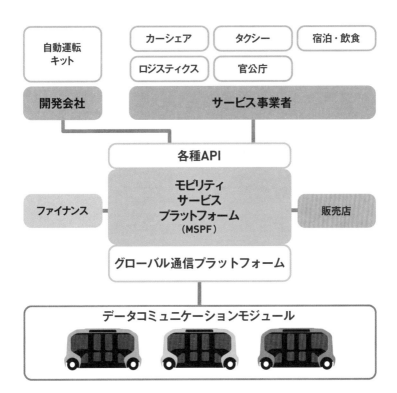

IoT、ビッグデータ、AI、ロボット。
第4次産業革命がモビリティを変える

● 産業ピラミッドが変わる?!

　政府がつくる成長戦略のカギを握る最先端テクノロジーがIoT、ビッグデータ、AI、ロボットです。これらの技術が起こす第4次産業革命が注目されており、その**あるべき社会像がSociety 5.0**です。

　内閣府によると、第4次産業革命により実現されるSociety 5.0の社会は、IoTですべての人とモノがつながり、さまざまな知識や情報が共有され、今までにない新たな価値を生み出すことで、これらの課題や困難を克服します。

　また、AIにより、必要な情報が必要な時に提供されるようになり、ロボットや自動走行車などの技術で、少子高齢化、地方の過疎化、貧富の格差なども解決されるといいます。

　第4次産業革命は自動車産業にも大きなインパクトをもたらすと予測されています。マッキンゼー＆カンパニーによると、今後の自動車関連産業の売上は、自動車を製造して販売することに加えて、販売した商品の修理・メンテナンスなどのアフターサービス、常にインターネットなどに接続されたコネクティッドカーサービスが伸びるといわれています。

　自動車産業のピラミッドの構造も、大きく変わるといわれています。**自動車産業の頂点に立っていた自動車メーカー（OEM含む）は、交通サービスの提供者に、その座を奪われる可能性が出てきています。**また自動車に必要とされる部品なども、コネクティッドカーやモビリティサービスに関係する部品などが増えて、大きく変わるとされています。

● Society 5.0で実現する社会

これまでの社会
必要な知識や情報が共有されず、新たな価値の創出が困難

IoTですべての人とモノがつながり、さまざまな知識や情報が共有され、新たな価値が生まれる社会

これまでの社会
少子高齢化や地方の過疎化などの課題に十分に対応することが困難

少子高齢化、地方の過疎化などの課題をイノベーションにより克服する社会

Society 5.0で実現する社会

ビッグデータの分析やAIの活用によって、面倒な作業から解放される社会

ロボットや自動運転車などの支援により、人の可能性が広がる社会

これまでの社会
情報があふれ、必要な情報を見つけ、分析する作業に困難や負担が生じる

これまでの社会
人が行う作業が多く、その能力に限界があり、高齢者や障害者には行動に制約がある

（出典：内閣府Society 5.0「科学技術イノベーションが拓く新たな社会」説明資料をもとに作成）

IoTはあらゆるモノがインターネットに接続される世界を実現するInternet of Thingsの略。**ビッグデータ**は大量・多種多様・高頻度といった特徴をもつデータ。**AI**は人工知能でArtificial Intelligenceの略。

自社データをオープンにして
新たな価値をつくる時代

● APIによる連携で、プラットフォームをつくる

最近では**外部に向けて公開されている（オープンにしている）ソフトウェアやアプリケーションを使って、第三者が新たなサービスをつくる**取り組みが広まっています。意図的に自社のソフトウェアの一部を公開して、機能を共有してもらうことで、多くの人に自社サービスに触れてもらう機会を増やせるなど、利点が多いからです。

このようにオープンなかたちで、アプリケーションやシステムをつなぐ窓口を、API（エー・ピー・アイ／ Application Programming Interface）といいます。

APIは公開されている企業サイトにいくと確認ができます。地図、時刻表、路線図など、提供しようとするサービスに必要なAPIを通じて連携し、利用者が使えるようにWebやスマートフォンアプリなどのユーザーインターフェース（ホームページ／アプリ画面）をつくることができます。この環境を基盤（プラットフォーム）といいます。世界中に広まったUberなどのモビリティサービスもこのようにしてつくられています。

このようなサービスの提供の仕方は、モビリティサービスに限ったことではなく、さまざまなサービスづくりに利用されていています。たとえば、銀行口座やクレジットカード、電子マネー、証券口座、ECサイトやポイントなどのお金の情報をまとめて管理する家計簿アプリやクラウドサービスを提供するマネーフォワード。同社は金融機関とのAPI連携によるサービス提供をしている企業として代表的で、2020年6月時点で111の銀行とAPI連携を締結しています。

● APIとは

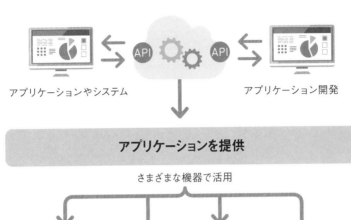

アプリケーションやシステム　　　　　　　　アプリケーション開発

アプリケーションを提供

さまざまな機器で活用

家庭　　　　自動車　　　モバイル端末　　パソコン

● マネーフォワードにおけるAPI利用の例

ユーザーのさまざまなデータを（顧客同意を前提に）外部サービスで利用できるAPI

（出典：経済産業省配布資料をもとに作成）

「自動車からモビリティへ」変わる
自動車メーカーのビジネスモデル

◉ 携帯電話産業と同様の変化が自動車産業にも

　IoT 、ビッグデータ、AI、ロボットの時代に、自動車メーカーはビジネスモデルの転換を迫られています。自動車産業に先駆けて、ビジネスモデルの一新を迫られた産業は、携帯電話です。

　自動車産業も、**携帯電話からスマートフォンへ進化する携帯電話産業と類似している点がたくさんある**といわれています。自動車の車両を携帯端末と考えると、製造・販売・メンテナンスという従来型のサイクルのみならず、自動車の車両やドライバーと常にオンラインでつながることで、アプリケーションを提供して移動に対する付加価値を高めることができます。 さらに移動したり、サービスを利用したりすることで生まれるデータを活用するなど、サービスの幅が大きく広がってきています。

　また「クルマ離れ」という言葉が代表するように、クルマを保有することに対する価値観が変わりました。環境問題への対応やネット通販など代替するサービスが続々と登場してきており、**既存の自動車産業の考え方ではビジネス環境の変化に対応することが難しくなってきています**。

　さらにカーシェアや自動運転サービスの提供をしはじめると、自動車産業の枠に収まらなくなります。自動車のみならずあらゆる移動と移動サービスを扱うモビリティ産業へと産業領域の拡大が必要になってきています。そこで連携を模索したのが、公共交通やライドシェアなどの既存の移動サービス提供者であり、さまざまな移動サービスをつなげるMaaSです。

● 自動車産業の変遷と価値観の変化

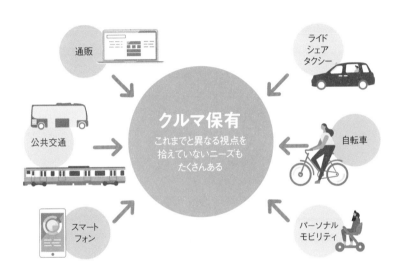

価値観の変化による自動車産業の競争激化

通販

ライド
シェア
タクシー

公共交通

自転車

クルマ保有
これまでと異なる視点を
拾えていないニーズも
たくさんある

スマート
フォン

パーソナル
モビリティ

自動車産業の変遷

過去

未来

ライドシェア
自動運転

クルマが
ステータス

クルマ離れ

電気で
クルマがつながる
（スマートモビリティ）

MaaS
CASE

X

自動車産業の変革を表す「CASE」。MaaS・CASE・自動運転の関係

● 自動車産業の変革とMaaS

　情報通信技術の進展により、自動車業界は100年に一度の大変革期に直面しているといわれています。その変化を表したワードが「**CASE（ケース）**」です。2030年までがCASEの移行期とされ、自動車関連企業はさまざまな戦略を検討しています。CASEは自動車業界の変化を表したワードで、鉄道や自転車シェアなどの移動サービスを含んでいません。経済産業省は、IoT、AIなどを使った移動サービスを（広義の）MaaSだと理解しており、**MaaSはCASEの「S（サービス）」の部分に関係する**と整理しています。

　CASEの中でも今後に期待されているのが**自動運転**です。

　自動運転には1から5までのレベルがあります。レベル5の完全自動運転の実現には２つのアプローチがあります。地域を限定して、トラック、バス、タクシーなどの商用車を無人で走らせるアプローチと、個々人が購入する自家用車を高度化させるアプローチです。現在は、前者の商用車が先行しており政府の方針として2020年度内に、地域限定で実際に利用できる自動運転（レベル４）まで育てたいと考えています。

　そのため、タクシー、ライドシェア、バス、鉄道などの公共交通や新しい移動サービスで確立されたビジネスモデル、プラットフォーム、法律、道路、社会受容性などを土台に、使用する車両を徐々に自動運転車両に置き換えていく順序での展開が検討されています。この**商用車の自動運転レベル４の土台として、MaaSに白羽の矢が立った**というわけです。

● CASEとは

Autonomous
自動運転

Electric
電動化

CASE

Connected
コネクティッド

Shared & Services
シェアリング&サービス

● CASEの発展とMaaSの拡大

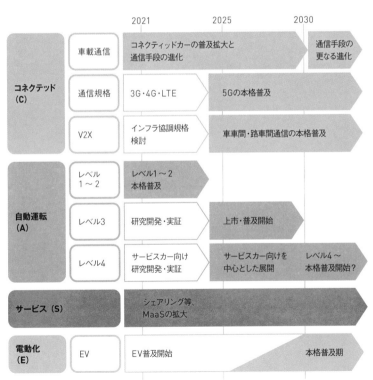

		2021	2025	2030
コネクテッド (C)	車載通信	コネクティッドカーの普及拡大と通信手段の進化		通信手段の更なる進化
	通信規格	3G・4G・LTE	5Gの本格普及	
	V2X	インフラ協調規格検討	車車間・路車間通信の本格普及	
自動運転 (A)	レベル1〜2	レベル1〜2本格普及		
	レベル3	研究開発・実証	上市・普及開始	
	レベル4	サービスカー向け研究開発・実証	サービスカー向けを中心とした展開	レベル4〜本格普及開始？
サービス (S)		シェアリング等、MaaSの拡大		
電動化 (E)	EV	EV普及開始		本格普及期

（出典：経済産業省レポート『IoTやAIが可能とする新モビリティサービスの社会実装に向けて』より）

自動運転を爆発的に普及させる "鍵"がMaaS?!

● 自動運転レベル4以上の普及の準備

「自動運転を爆発的に普及させる "鍵" がMaaSになるのではないか」トヨタ自動車とソフトバンクなどは、レベル4以上の自動運転車の普及を2023年以降と見据えています。2018年度にはオンデマンドバスサービスを開始、2019年度にはオンデマンドバス＋αを加えたサービスカーを走らせて、自動運転レベル4、5へとつないでいこうという考えです。

自動運転レベル4や5の車両を走行させるためには、自動車メーカーや通信会社だけでは成し遂げられません。将来的に自動運転の受け皿となる全国の自治体の協力が必要不可欠です。また、既存の交通事業者への配慮も重要です。さらには、安定的な事業として収益性を考えると、飲食、医療・福祉、観光、都市・住宅などの移動手段以外の異業種との連携も必要です。このような背景から、フィンランドが提唱したMaaSの概念を踏襲しながら、自動運転時代に向けた準備が進んでいます。

日本が強く意識するドイツ勢は、ダイムラーやBMWを中心に、日本より先んじて動いています。2000年に入り、クルマ離れが顕著になってから、カーシェアなどのモビリティサービスを提供したり、さらには自動運転時代を見据えて、自治体との連携を進めたりしています。ダイムラーグループのある担当者は「MaaSは都市の中で人がどのように移動しているのかを把握し、自動運転が実現した時代にどのように自動運転車を走らせるとよいのか、多くのデータを政府に与えてくれる "ツール" と考えている」と話しています。

● MONET Technologiesが考える
自動運転車導入におけるMaaSの役割

MONET Technologies（ソフトバンクとトヨタ自動車の合弁会社）では、レベル4
以上の自動運転車の普及を2023年以降、それまでは自動運転車導入の基盤をつ
くる時期で、その基盤づくりにMaaSが欠かせないと考えている。

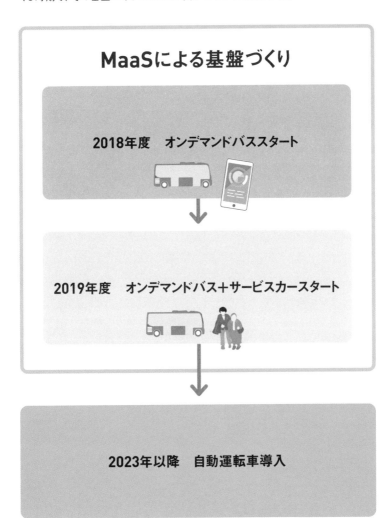

MaaSによる基盤づくり

2018年度　オンデマンドバススタート

2019年度　オンデマンドバス＋サービスカースタート

2023年以降　自動運転車導入

世界に爆発的に広がったUber、DiDi、Grabの衝撃

　世界に爆発的に広がり、注目されたモビリティサービスがあります。2009年に設立されたアメリカ・サンフランシスコ発のUber（ウーバー）、中国発のDiDi（ディディ）、インドネシア発で東南アジア最大のGrab（グラブ）などをはじめとする**ライドシェア**です。ライドシェアは職業ドライバーではなく、自動車に乗せたい人と乗りたい人をマッチングさせるシェアリングサービスです。技術面からみると、プラットフォームビジネスといわれています。公開されているオープンデータやAPIを活用し、さまざまな連携をとりながらビジネスの仕組みの構築を行います。IoT、ビックデータ、AIなどの技術を活用し、**ニーズのマッチング、すなわちつなぐことに特化することで、ユーザーの満足度やドライバーのサービスの質を自動的に向上させる強固な仕組みを構築**することを得意とします。

　このようなライドシェアの会社が自動運転車を走らせるようになれば、顧客ニーズをつかむライドシェアサービスの方が自動車を開発販売する自動車メーカーよりも力を持つ可能性さえ出てきます。したがって、**ライドシェアは、CASEを意識する自動車メーカーにとっては、競合であり連携先**でもあります。トヨタ自動車は、2018年12月にGrab Holdingsと提携し、ライドシェア車両向けトータルケアサービスを開始しました。また同年8月にUber Technologiesと提携し、自動運転ライドシェア車両の開発実用化を推進しています。さらに同年10月にDiDi Chuxingとライドシェア車両レンタル事業会社を設立しました。

MSPFを活用したトヨタ自動車と
Grabの協業のイメージ

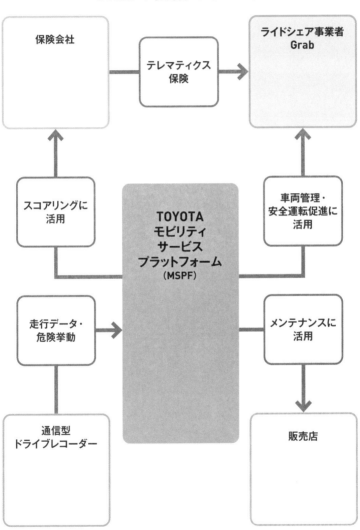

自動車販売店が
MaaSを提供する?!

● CASE とMaaS 時代の地域の拠点になる

バスやタクシーが機能していない地域では、自動車販売店がMaaSや自動運転の重要な拠点を担うのではないかと期待されています。

歴史をさかのぼると、自動車販売店になることは容易ではなく、その地域で名が知れ渡り、経済的にも力がある名士が、完成車メーカーと特約店契約を結ぶことができました。また、これまで自動車の販売店といえば、自動車を販売しメンテナンスする事業が主でした。

先にも述べたように、CASE というキーワードのもと、100年に一度といわれる大変革時代の変化についていくためには、**地域の実情とネットワークを持ち、顧客と直接の接点がある自動車販売店の変革が必要**となってきています。最近では高齢者の事故が注目され、自家用車を廃車にする案件も増えてきています。その一方で自動車を手放すため浮くお金もあります。自動車に代わる移動手段やサービスを必要とする人も増えています。

トヨタ自動車は2018年に自動車販売店に対して自動車の販売のみならず、モビリティカンパニーの販売店として、クルマや移動に関するあらゆるサービスを提供することで、お客様のニーズにさらに寄り添うサービスの早期実現を目指すことを全国の販売店とともに確認しました。そのためMaaSを取り組む自動車販売店が増えてきており2020年に入ってトヨタネッツ神戸（兵庫県尼崎市）などは、自治体やタクシー会社と連携して、デマンド交通「チョイソコ」などの実証実験をはじめています。

● 自動車販売店がMaaSの拠点に

トヨタ自動車における販売会社の融合による
ビジネスモデル変革のイメージ

これまで、自動車販売店では、自動車以外の移動手段を販売することにも、自動車を使った移動サービスを提供することにも主眼は置かれなかった。しかし、特に都心ではクルマの「保有」から「利活用」へのシフトが進みつつあることから、体制を見直すことで、新たなモビリティサービス提供を目指す。

■ 東京トヨタ自動車　■東京トヨペット　■トヨタ東京カローラ　■ネッツトヨタ東京

タクシーに自動車メーカーなどから熱い視線

▶ 世界的に見て質の高い日本のタクシー

　CASE、MaaS時代のキーサービスとして、**Uberなどのライドシェアと同様に、日本ではタクシーに対しても熱い視線が注がれています**。日本では職業ドライバーとしての免許を持たないドライバーが、サービスを提供するUberなどのライドシェアは営業ができません。乗客からお金をもらう場合は国土交通省からの許可が必要で、事業許可を得た車両は通常、緑色のナンバーを付けています。そのため事業許可を得ていない営業行為を「白タク行為」といいます。海外で展開されているライドシェアは、日本ではこの白タク行為に当たり、違法になります。

　海外で、ライドシェアが普及した地域は、タクシーのサービスの質が悪く、ライドシェアの方がサービスの質が高いといわれています。需給調整や安全対策ができず、徐々にサービスの質を落としたり、撤退を余儀なくされた地域もあります。

　海外同様に、日本国内でもUberなどのライドシェアが使えるようになってほしいという声も大きいのですが、国内外の状況を鑑みると、都市部ではそう簡単にはいきそうにありません。しかしライドシェアに対してアレルギーのあるタクシー業界も、**ライドシェアの配車システムの精度を称賛**しており、そのアプリを使い慣れた海外旅行客を日本国内でも取り込むことに対しては寛容です。そのためライドシェアアプリを自社の配車アプリとして使おうとする事業者も増えてきています。このような背景から日本においてはタクシーに、自動車メーカーなどから熱い視線が注がれています。

● 配車アプリで見るタクシー業界

日本のタクシーのサービスの質は、世界的に見ても非常に高く、道路運送法や道路交通法などの法律のもと、安全対策も徹底されている。ライドシェアに対してはアレルギーのあるタクシー業界だが、配車アプリを利用する事業者は増えてきている。

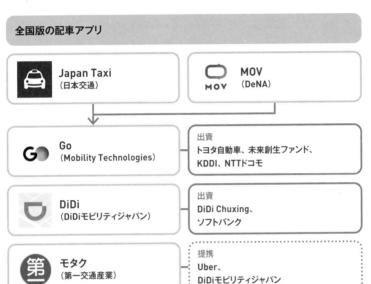

全国版の配車アプリ

Japan Taxi
（日本交通）

MOV
（DeNA）

Go
（Mobility Technologies）

出資
トヨタ自動車、未来創生ファンド、
KDDI、NTTドコモ

DiDi
（DiDiモビリティジャパン）

出資
DiDi Chuxing、
ソフトバンク

モタク
（第一交通産業）

提携
Uber、
DiDiモビリティジャパン

東京都（ほか）の配車アプリ

S.RIDE
（みんなのタクシー）

提携
グリーンキャブ、国際自動車、寿交通、
大和自動車交通、チェッカーキャブ、
東京都個人タクシー協同組合、幸手タクシー、
三和富士交通、三和交通、三和交通多摩、
エスコート交通、松田合同自動車、
名鉄タクシーホールディングス

フルクル
（国際自動車）

ココきて・TAXI
（帝都自動車交通）

ほか各社アプリ

自動運転やMaaSを意識する鉄道

◉ 人口減少や鉄道ニーズの減少に対応するために

「"自動運転"になると自動車と公共交通の垣根がなくなってしまうかもしれない。これがMaaSに取り組むきっかけになった」と東日本旅客鉄道（JR東日本）のMaaS担当者は話します。自動車メーカーの移動サービスへの関心、自動運転の実装などの動きから、自動車と鉄道が1つの業界になってしまうかもしれないという不安が鉄道関係者を襲いました。また、東北地方では、2040年までに3割近くの人口減少が見込まれます。さらに東京圏（東京、埼玉、千葉、神奈川）ですら、2025年以降、緩やかに人口が減少していく見込みです。

インターネットの普及、働き方や生活様式が変わり、鉄道による移動ニーズが縮小し、固定費割合が大きい鉄道事業においては、急激に利益が圧迫される可能性があります。2020年には、新型コロナウイルスの流行により、そのスピードが速まりました。

このような背景の中、JR東日本は2019年4月26日に開いた決算説明会で新しい経営ビジョン「**変革2027**」を打ち出しました。鉄道を中心とした輸送サービスを質的に変革し、生活サービス事業及びIT・Suica事業に経営資源を重点的に振り向けて、新たな「成長エンジン」としていこうと考えています。そしてこれに基づき、2020年5月に組織体制を改めて「MaaS・Suica推進本部」を設置しました。MaaSの「モビリティ・リンケージ・プラットフォーム」とSuicaの「決済プラットフォーム」の2つのプラットフォームの拡充・連携を加速させて、個々のニーズに応じたサービスの提供と、新たなサービスの導入の実現を目指そうとしています。

● JR東日本のSuicaを共通基盤とした「変革2027」の一例

24時間、あらゆる生活シーンで最適な手段を組み合わせ、移動・購入・決済等の
サービスを利用できる環境の実現を目指す。

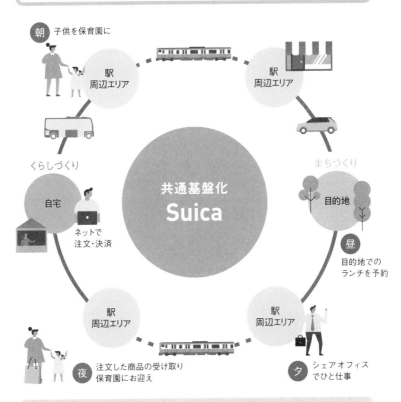

シームレスな移動の実現
多様なサービスのワンストップ化

朝　子供を保育園に

駅
周辺エリア

駅
周辺エリア

くらしづくり

まちづくり

自宅

共通基盤化
Suica

目的地

ネットで
注文・決済

昼
目的地での
ランチを予約

駅
周辺エリア

駅
周辺エリア

夜　注文した商品の受け取り
保育園にお迎え

夕　シェアオフィス
でひと仕事

ビジネスプラットフォームの拡充

（出典：JR東日本『変革2027』をもとに作成）

移動に付加価値を。
他産業との連携の時代

◉ 移動×他産業の模索

　MaaSをきっかけに改めて、移動手段と移動の目的となる産業の連携の仕方が、見直されています。鉄道、バス、タクシーなどを利用する多くの乗客は、移動サービスを利用することを目的に乗車しているのではありません。自動車を運転したり、自転車に乗って出かける際も、何か用を足すために出かける場合が多いです。会社、スーパー、友人と会う、休日に観光地に向かうなど、何か目的があって、自分に合った移動手段を選択しています。

　しかし、移動サービスは、乗客を乗せて事故無く安全に運行させることが得意で、移動の目的地との連携はまだまだ未開拓な部分が多いといわれています。日本の民間鉄道は、娯楽施設、住宅地、商業施設などの開発とともに、公共交通の利用者を伸ばし、海外からも高い評価を受けています。このような**日本の民間鉄道ですら、目的地の産業と移動との連携は、まだまだ弱い状況**です。

　これまで、公共交通や移動と目的地との連携は、顧客管理や分析、プロモーションなどが難しく、上手くいっていない状況でした。しかし、デジタル活用を進めれば、移動データや乗客のニーズ、病院、スーパー、商業施設、観光地などの目的地の利用状況などもわかり、新たな利用料金プランや決済方法も提示することができる可能性があります。移動に付加価値を付けようとするMaaSをきっかけに、移動と他産業とを掛け合わせる取り組みが急激に増えています。国土交通省は日本のMaaSの特徴は、この移動と他産業との掛け合わせだといいます。

● 移動と他産業との掛け合わせによって付加価値を創出

● MONET Technologiesの例

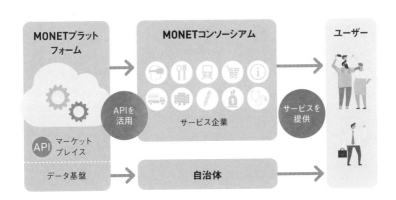

トヨタ自動車は、ソフトバンクとMONET Technologies（モネ・テクノロジーズ）を
2018年9月に設立（日野自動車、本田技研工業、いすゞ自動車、スズキ、SUBARU、
ダイハツ工業、マツダも株主に）。企業間の連携を推進するための「MONETコンソ
ーシアム」には医療・福祉、小売、製造、電気・ガス・水道、金融・保険などさまざま
な民間企業が600社以上が加盟している（2020年12月時点）。

トヨタが街をつくる? Woven City。
MaaS・CASE・スマートシティの関係

● 移動×他産業の模索

　トヨタ自動車がCES2018でMaaSを取り上げ、CES2020で未来都市「Woven City (ウーブン・シティ)」をつくると発表した背景もあり、CASE、MaaS、スマートシティ、スーパーシティの関係も話題として、よく取り上げられます。

　前述したように、CASEは自動車産業の変革を表した言葉です。つまり"自動車のみ"に注目した言葉です。トヨタ自動車のように、あらゆる移動と移動手段を考えるモビリティカンパニーにとってCASEのワードは役不足です。そこで、さまざまな移動や移動手段をデジタルの力を使って高度化しようとするMaaSへと関心が高まっていきます。さらに、MaaSは移動のみならず、移動の目的になる小売、通勤・通学、医療・福祉、商店などと連携が進んでいっています。

　このようにMaaSが進化すると、本来の意味の範疇では収まりきらず、移動を軸に見たスマートシティと捉えることもできます。スマートシティは明確な定義が存在しません。大きくは、共通の基本方針やスマートシティリファレンスアーキテクチャに沿って、経済産業省、国土交通省、総務省ごとに違ったメニューの支援事業を展開しており、多様なステークホルダーが連携して、課題を解決していくイメージを持っていればよいでしょう。

　そしてスマートシティから、さらにスーパーシティへと注目が移ってきています。スーパーシティとはAI・ビッグデータを活用し、社会のあり方を根本から変える「まるごと未来都市」づくりです。これを実現可能にしようとしたものが、スーパーシティ法案です。

● CASEからMaaSへ、スマートシティからスーパーシティへ

「Woven City」構想
トヨタ自動車によるあらゆるモノや
サービスがつながる実証都市「コネ
クティッド・シティ」

● スーパーシティ構想におけるデータ連携基盤

スーパーシティ法案では、複数分野の規制改革を同時・一体的に進めていくための手続きの設定、データ連携基盤整備事業の事業者に対して、国や自治体が持つデータの提供を求めることができることが示されている。

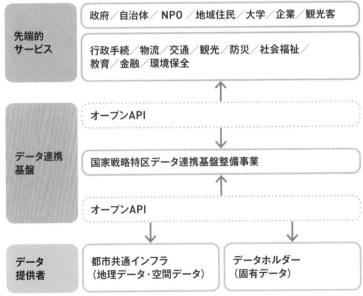

スーパーシティの構成

| 先端的サービス | 政府／自治体／NPO／地域住民／大学／企業／観光客 |
| | 行政手続／物流／交通／観光／防災／社会福祉／教育／金融／環境保全 |

↑

オープンAPI

↓

| データ連携基盤 | 国家戦略特区データ連携基盤整備事業 |

↑

オープンAPI

↓   ↓

| データ提供者 | 都市共通インフラ（地理データ・空間データ） | データホルダー（固有データ） |

（出典：内閣府・国家戦略特区のホームページより）

新型コロナウイルス流行で
変わるモビリティ

◉ 外出自粛と三密防止で移動はどうなる?!

　2020年に世界的に広まった**新型コロナウイルスの感染拡大**により、緊急事態宣言が発出され、私たちは外出自粛を強いられました。また2020年夏に開催予定であった東京オリンピック・パラリンピックは延期、上り調子であった海外旅行客はゼロに。東京都市圏、大阪、京都、北海道など人口の多い都市では、緊急事態宣言後も感染者数が増加し、外出を思う存分できない状況が続いています。**新型コロナ問題は、すぐに終息する気配はなく、2021年以降も世界的な問題となると予測されています。**

　外出が制限され、在宅ワークが広がると、外出を支える鉄道、バス、タクシーなどの公共交通の利用者は激減しました。

　一方で好まれる移動サービスもあります。**自転車シェア**です。東京の中心部で展開するドコモ・バイクシェアは、通勤時に三密になりやすい公共交通に乗りたくない、運動不足になりがちなので、身体を動かしたいというニーズに合致し、利用距離が伸びたようです。ベルリン、パリ、ロンドンなど海外の都市でも自転車利用が伸びています。

　また日本では**混雑情報をリアルタイムに知らせる取り組み**も加速しています。JRグループをはじめとする鉄道やバスは、このコロナ問題をきっかけに、通勤と帰宅ラッシュ時の混雑を緩和するため、混雑状況によって価格を変えるような取り組みも検討しています。

　さらに自動車移動は、三密を防ぐ安全なプライベート空間として好まれています。

● 新型コロナウイルス感染症の 感染拡大の影響による通勤時間の変化

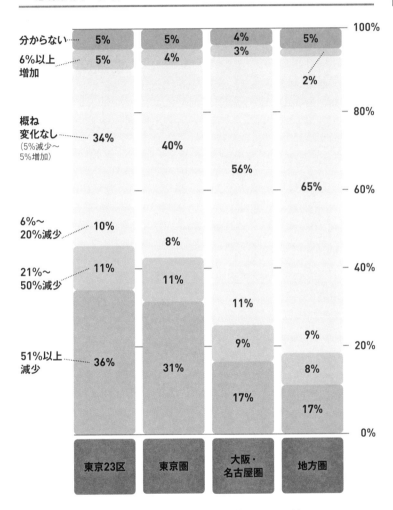

分からない

6%以上増加

概ね変化なし（5%減少〜5%増加）

6%〜20%減少

21%〜50%減少

51%以上減少

	東京23区	東京圏	大阪・名古屋圏	地方圏
分からない	5%	5%	4%	5%
6%以上増加	5%	4%	3%	2%
概ね変化なし	34%	40%	56%	65%
6%〜20%減少	10%	8%	11%	9%
21%〜50%減少	11%	11%	9%	8%
51%以上減少	36%	31%	17%	17%

（注）2020年5月25日〜6月5日にかけて実施したアンケート調査（回答数10,128名）
質問「今回の感染症の影響下において、1週間の中で通勤にかける時間はどのように変化しましたか」に対する回答割合 ●東京圏：埼玉県、千葉県、東京都、神奈川県　●大阪圏：京都府、大阪府、兵庫県、奈良県　●名古屋圏：岐阜県、愛知県、三重県
〔出典：内閣府「新型コロナウイルス感染症の影響下における生活意識・行動の変化に関する調査」（2020年6月21日公表）より〕

免許返納でできる
約3兆円の新たなマーケット

● サービスとしてのモビリティ

　ソフトバンクとトヨタ自動車でつくるMONET Technologies（モネテクノロジーズ）社によると、マイカーに依存し公共交通が脆弱な地域での**潜在的なMaaS市場は約3兆円**に上るといいます。

　この3兆円の内訳を紹介しましょう。約2.4兆円が免許証を返納してクルマを廃車にした時に自由になるお金を計算したものです（2019から2030年にマイカー保有台数減少分の保有コストの合計）。そして約0.6兆円が、高齢者や子どもを家族がクルマで送迎する家族内送迎などで、2030年の子どもの交通送迎・高齢者移動弱者の買い物送迎市場の最大ポテンシャルです (注1)。

　国交省によると、前期高齢者・後期高齢者の地方都市部での「鉄道」を利用した移動は、前期高齢者で1.3%、後期高齢者で1.7%、「バス」を利用した移動は前期高齢者で1.9%、後期高齢者で3.1%と極めて低い数値となっています。そのため地方部に居住する高齢者もクルマに依存せざるを得ない状況にあり、クルマを持たない高齢者は65〜74歳の女性では26.2%、75歳以上になると32.6%が家族による送迎、いわゆる「家族タクシー」に頼った生活になっています。送迎をする家族の負担は多大で、高齢家族の通院などのため会社を休んだり、中には離職したりする人もいます。労働力確保が難しい昨今ですので企業にとっても悩みの種です。これは家族の世帯収入の減少や地域経済の疲弊にもつながる根深い問題で、MaaSによる解決策が必要です。

注1)国立社会保障・人口問題研究所「日本の将来人口推計（2017年推計）」、国交省「全国都市交通特性調査」、中央大学大学院戦略経営研究科教佐藤博樹「高齢者の生活圏と移動手段」などにより分析。

● マイカー依存地域の潜在的なMaaS市場は約3兆円

移動課題解決による市場創出

約0.6兆円
家族内送迎など

+

約2.4兆円
保有からの移行（〜 2030年）

約38兆円

マイカー市場

バス 約1.4兆円

タクシー 約1.5兆円

鉄道 約6.7兆円

公共交通市場

自治体・地域の運動事業者とともに、
受け皿の構築が必要

潜在的市場規模
約3兆円

（出典：MONET Technologies配布資料「MONET Technologiesの取組み」より）

MaaSが目的化しがち

　日本のMaaSを数多く取材して感じることは、MaaSレベルに当てはめたMaaSやMaaSアプリをつくることが目的化してしまって、うまくユーザーを獲得できずに実証実験で終わってしまうようなケースが散見されることです。

　これまで説明してきたように、MaaSの本質は、クルマだけに頼らず、環境にやさしい生活を、デジタルテクノロジーをうまく使って実現するというものです。

　24ページでも触れたとおり、MaaSのレベル定義は、レベル0「No Integration（統合なし）、レベル1「Integration of Information（情報の統合）」、レベル2「Integration of booking & payment（予約・決済の統合）」、レベル3「Integration of the service offer（サービス提供の統合）」、レベル4「Integration of policy（政策の統合）」とあります。しかし、これはスウェーデンの研究者が定義したレベルですので、必ずしも日本の実情に応じたレベルではありません。

　欧州発のMaaSのレベルの型にとらわれて、真のニーズを取りこぼしていることが多いのではないでしょうか。地域の個々人の暮らしや移動の状況を把握し、ニーズに対するサービス提供がまだまだできていないように感じます。新型コロナウイルスによりデジタル化も大きく進んできており、経営の外部環境が大きく変化していますし、移動に対する価値が変わってきています。

　改めて、国や地域などでビジョンを策定し、移動手段を総動員させたモビリティの戦略策定や体制を作成し、デジタル活用に着手すべきでしょう。

Part

3

多様化するモビリティ

MaaSを構成する
移動サービス

独自の発展を遂げる
日本の大手民鉄

● 鉄道はMaaSの中核を担う

　さまざま移動サービスを組み合わせてクルマの保有に頼らない生活の実現を目指すMaaS。**フィンランド発の狭義のMaaSの中核を担うのが鉄道です。**日本の鉄道は1987年に全国一元組織と公社制度の問題の改善を行うために経営形態の変更「分割・民経化」により発足したJR7社（北海道、東日本、東海、西日本、四国、九州、貨物）。さらに大手民鉄16社（東武、西武、京成、京王、小田急、東急、京急、近畿、南海、京阪、阪急、阪神など）、準大手、公営、中小民鉄。そして軌道事業者、モノレール、新交通システムに分類されています。

　多額の税金を投入している海外の国と比較して、日本のJRや大手民鉄などの経営のユニークな点は民間企業が都市・宅地開発、生活サービス、観光地や競技観戦などと組み合わせて多角経営を行いながら事業として成り立たせている点です。MaaSでは決済の統合がポイントになっていますが、日本独自に統合が進められています。駅に改札がある点も日本の特徴で、それとともに生まれた交通系ICカードは駅周辺の買い物などでも利用可能で、都市部の移動と買い物を劇的に変えています。最近ではクレジットカード機能が付き、ポイント還元のサービスもあり、さらには、スマートフォンやスマートウォッチとも連動するようになっています。交通系ICカードの種類は、大きく分けて「10（テン）カード」と「地域カード」があります。各カードは互換性の無い場合があり、1枚のカードで国内を自由に移動できないことが問題となっています。また、導入と運用には多額の費用がかかるため、普及が進んでいない地域もあります。

● MaaSの中核を担う国内の鉄道

民鉄
大手民鉄16社（東武、西武、京成、
京王、小田急、東急、京急、
東京メトロ、相鉄、名鉄、近畿、南海、
京阪、阪急、阪神、西鉄）
準大手、公営、中小民鉄

JR 7社
北海道、東日本、東海、
西日本、四国、九州、貨物

その他
軌道事業者、モノレール、
新交通システム

● 10カードと地域カード

ICカード相互利用センター

⬍ 他の10カードの利用エリアでも利用可能

10カード
相互利用可能な全国10種類の交通系ICカード

Kitaca　Suica　PASMO　TOICA　manaca　ICOCA　PiTaPa　SUGOCA　はやかけん　nimoca

⬍ 一部地域で、
特定の10カードが利用可能（10カードの片利用）

地域カード
交通事業者が各地域で
独自に発行する10カード以外の交通系ICカード

 りゅーと（新潟）　NORUCA（福島）　 IruCa（高松）　など

当該カード利用エリアでは他のカードは利用不可

（出典：国土交通省資料をもとに作成）

生活に欠かせないバス。
高速乗合バスの躍進も

● プロモーション下手な点にビジネスチャンスあり

　バスの利用者は日本の総旅客輸送人員の約15％を占めています（2016年度国土交通省調べ）。通学や通勤、買い物や通院など地域内の移動を支えているのが乗合バス（路線バス）で、2018年時点で事業者数は2,296事業者（民営2,273、公営23）です。観光旅行など団体移動を支えるのが貸切バスで事業者数は4,127事業者です。

　乗合バスは路面電車が廃止され、代替手段として導入された地域もあります。民間と比較して高い人件費を中心にコスト削減が進まず、慢性的な赤字体質となっていたケースが多く、経営の合理化を推進するために、公営から民営化された流れがあります。

　2002年の改正道路運送法の施行により、新規参入者が増え環境が変わりました。**規制緩和とインターネットの普及とともに利用者を伸ばしたのが高速乗合バスです**。飛行機のサービスを模してシートやアメニティが工夫され、さまざまなサービスが登場してきています。また自治体や地域住民が主体となって交通空白地帯、不便地域の解消を目指す**コミュニティバスの導入も進んでいます**。

　生活に欠かせないバスですが、赤字体質であることが課題です。乗合バスの大都市部を除く全国の約7割の事業者が、運賃収入だけでは成り立たず、国、県、市町村から運行助成、車両償却補助を得て、運行させています。少しずつICT化が進んでおり、バスの位置が分かるロケーションシステムや**経路検索アプリにもバス情報が組み込まれています**。またドライバー不足が課題となっており、それを解消するテクノロジーとして自動運転が着目されています。

電脳会議
DENNOUKAIGI

今が旬の情報を満載して
お送りします！

『電脳会議』は、年6回の不定期刊行情報誌です。A4判・16頁オールカラーで、弊社発行の新刊・近刊書籍・雑誌を紹介しています。この『電脳会議』の特徴は、単なる本の紹介だけでなく、著者と編集者が協力し、その本の重点や狙いをわかりやすく説明していることです。現在200号に迫っている、出版界で評判の情報誌です。

毎号、厳選
ブックガイドも
ついてくる!!

『電脳会議』とは別に、1テーマごとにセレクトした優良図書を紹介するブックカタログ（A4判・4頁オールカラー）が2点同封されます。

電子書籍を読んでみよう!

技術評論社　GDP　　検索

と検索するか、以下のURLを入力してください。

https://gihyo.jp/dp

1 アカウントを登録後、ログインします。
【外部サービス(Google、Facebook、Yahoo!JAPAN)
でもログイン可能】

2 ラインナップは入門書から専門書、
趣味書まで1,000点以上!

3 購入したい書籍を 🛒 に入れます。
カート

4 お支払いは「*PayPal*」「YAHOO!ウォレット」にて
決済します。

5 さあ、電子書籍の
読書スタートです!

●ご利用上のご注意　当サイトで販売されている電子書籍のご利用にあたっては、以下の点にご留意くだ
■ **インターネット接続環境**　電子書籍のダウンロードについては、ブロードバンド環境を推奨いたします。
■ **閲覧環境**　PDF版については、Adobe ReaderなどのPDFリーダーソフト、EPUB版については、EPUBリー
■ **電子書籍の複製**　当サイトで販売されている電子書籍は、購入した個人のご利用を目的としてのみ、閲覧、保
ご覧いただく人数分をご購入いただきます。
■ **改ざん・複製・共有の禁止**　電子書籍の著作権はコンテンツの著作権者にありますので、許可を得ない改ざ

Software Design WEB+DB PRESS も電子版で読める

電子版定期購読が便利!

くわしくは、
「Gihyo Digital Publishing」
のトップページをご覧ください。

電子書籍をプレゼントしよう! 🎁

Gihyo Digital Publishing でお買い求めいただける特定の商品と引き替えが可能な、ギフトコードをご購入いただけるようになりました。おすすめの電子書籍や電子雑誌を贈ってみませんか?

こんなシーンで… ●ご入学のお祝いに ●新社会人への贈り物に ……

●**ギフトコードとは?** Gihyo Digital Publishing で販売している商品と引き替えできるクーポンコードです。コードと商品は一対一で結びつけられています。

くわしいご利用方法は、「Gihyo Digital Publishing」をご覧ください。

電脳会議 紙面版

新規送付の
お申し込みは…

ウェブ検索またはブラウザへのアドレス入力の
どちらかをご利用ください。
Google や Yahoo! のウェブサイトにある検索ボックスで、

電脳会議事務局　　　　　検索

と検索してください。
または、Internet Explorer などのブラウザで、

https://gihyo.jp/site/inquiry/dennou

と入力してください。

一切
無料！

「電脳会議」紙面版の送付は送料含め費用は
一切無料です。
そのため、購読者と電脳会議事務局との間
には、権利&義務関係は一切生じませんので、
予めご了承ください。

技術評論社　　　電脳会議事務局
〒162-0846　東京都新宿区市谷左内町21-13

● バス業界の動向

バス事業者の規模

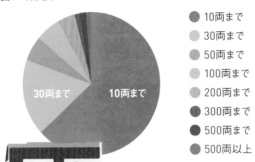

- 10両まで
- 30両まで
- 50両まで
- 100両まで
- 200両まで
- 300両まで
- 500両まで
- 500両以上

（出典：国土交通省資料 平成30年3月時点）

高速乗合バスの輸送人員の推移

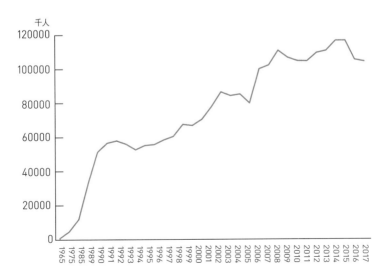

（出典：国土交通省資料より）

ライドシェアが黒船に。
利便性向上に挑むタクシー

◉ 需給調整を行っても低賃金が課題

　タクシーはビジネス利用が中心でしたが、最近では日常生活の移動を支える公共交通としての社会的な期待が高まっています。またUberなど競合する新たなモビリティサービスなどもあり、サービスの質の向上も必要となっています（全国の事業者数は16,389）。

　このような背景を受けて、全国ハイヤー・タクシー連合会が国土交通省などの協力を得ながらタクシーの利便性や生産性の向上に対してさまざまな取り組みを展開しています。**2016年10月に打ち出した「今後新たに取り組む事項」11項目に加えて、2019年6月に9項目を追加し20項目を進めています。**11項目のうち主なものとしては初乗り距離短縮運賃、事前確定運賃、ダイナミックプライシング、定額運賃（乗り放題タクシー）、ユニバーサルデザインタクシーの導入、タクシー全面広告、第2種免許緩和、乗合タクシーの推進などがあります。追加の9項目には、MaaSへの積極的参画、自動運転技術の活用や方策の検討、キャッシュレス決済の導入促進、子育てを応援するタクシーの普及などがあります。このようにタクシーにあったらよいと思われるサービスの検討が業界をあげて行われており、改革が進んでいます。

　一般ドライバーをマッチングするライドシェアへの期待もあります。しかし、タクシーですら地域の車両の台数や運賃の調整を行ってようやく成り立つサービスで、これだけ需給調整を行っても、低賃金やなり手不足が課題となっています。したがって、持続可能なサービスの仕組みを地域に応じて考える必要があります。

● タクシー業界において今後新たに取り組む事項について

2016年に打ち出した11項目

1. 初乗り距離短縮運賃
2. 相乗り運賃（タクシーシェア）
3. 事前確定運賃
4. ダイナミックプライシング
5. 定期運賃（乗り放題）タクシー
6. 相互レイティング
7. ユニバーサルデザインタクシー（UD）タクシー
8. タクシー全面広告
9. 第2種免許緩和
10. 訪日外国人等の富裕層の需要に対応するためのサービス
11. 乗合タクシー（交通不便地域対策・高齢者対応・観光型等）

2019年に打ち出した9項目

1. MaaS への積極的参画
2. 自動運転技術の活用方策の検討
3. キャッシュレス決済の導入促進
4. 子育てを応援するタクシーの普及
5. ユニバーサルデザインタクシー（UDタクシー）・
   福祉タクシーの配車体制の構築
6. 「運転者職場環境良好度認証」制度の普及促進
7. 労働力確保対策の推進
8. 大規模災害時における緊急輸送に関する
   地方自治体との協定等の締結の推進
9. タクシー産業の国内外へのアピールの推進

（出典：関東運輸局資料より）

MaaSで注目が高まった
AIデマンド交通

● 既存のバスやタクシーがカバーできない移動がたくさん

　MaaSを構成する移動サービスとして注目されはじめたサービスが、AIを活用して、事前の予約要らずで地域内の移動を実現する、**AIデマンド交通**です。

　AIデマンド交通は、主にバスでは非効率で、タクシーでは運賃が高くて利用者が少ない地域で、**生活に欠かせない移動を確保**するために運行されています。

　また空港と周辺町村を結ぶ空港型などもあります。11人を超えるとバスで、それ未満はタクシーの扱いになります。車両はバスよりも小さく、ワゴン型やセダン型のタクシー車両を使って、不特定多数の人が乗り合わせる乗合型になっています。

　デマンド交通はこれまでは前日に予約をする必要がありました。AIを活用することにより、**事前予約なしで依頼をすることができ、最適なルートをシステムが自動的にドライバーに伝え、利用者と運行者のストレスを大きく軽減**させることができるようになりました。

　バス、タクシー、デマンド交通以外に「自家用」の運行形態があります。自動車を使ったサービスは、大きく分けて「事業用」と「自家用」です。お金を受け取って有償でサービスを提供するのが「事業用（ナンバープレートは青色）」です。

　事業用は主に一般乗合旅客事業運送事業（バス）と一般乗用旅客自動車運動事業（タクシー）に分かれ、道路運送法の第4条の許可を得て走らせます。「自家用」は利用者制限を加えた自家用有償運送です。公共交通空白地有償運送、福祉有償運送があります。

● AIデマンド交通運行イメージ

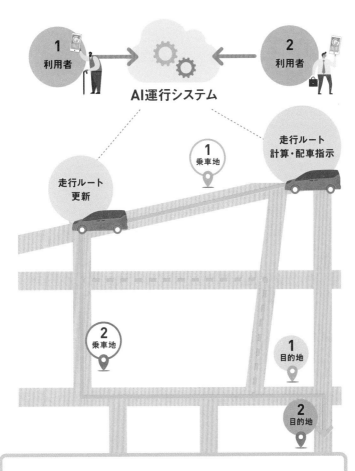

AIを活用したデマンド型運行によるメリット

・利用者の待ち時間を平準化
・効率のよいルートで乗合人数増
・少ない車両数、運転手数でサービスの持続が可能

（出典：関東運輸局資料をもとに作成）

日本でも全国に浸透した
自転車シェア

●自転車シェアが公共交通"的"な扱いへ

　新たに都市部の移動サービスとして定着したのが**自転車のシェア**です。**コミュニティサイクル、シェアサイクル**とも呼ばれています。IoTやスマートフォンの普及により、無人での自転車の貸し出しが可能となりました。パリ、ロンドン、バルセロナなど海外の自転車シェアが導入されている都市では交通計画などにおいて、公共交通の一部もしくは公共交通を補完するものとして位置付けられています。日本でも自転車シェアが大きく増えています。国土交通省によると2019年3月時点で全国217都市が導入しています。主な運営事業者は、ドコモ・バイクシェア、ソフトバンクグループのOpen Street、ペダル、IHIエスキューブです。

　2017年度から2018年度の1年間でドコモ・バイクシェアは30都市から33都市に、Open Streetは17都市から75都市に拡大。またドコモ・バイクシェアは2017年度は自転車台数6,900台／ポート数640か所でしたが、2018年度は10,500台／1,150か所に。Open Streetは2017年度は2,000台／200か所でしたが、2018年度は24,200台／1,390か所に増えました。このように急激に数を増やし、利用者も定着してきていることを背景に、**日本でも自転車シェアを公共交通的な扱いにしていく動きが強まっています**。

　自転車シェアの運営は主に公共主体／民間主体（公共負担あり・なし）で行われています。課題は、どうしても一か所に集まってしまう自転車を利用しやすいように再配置するコストが大きいことです。

● 自転車シェアの導入都市

自転車シェアが導入される都市は年々増加。2019年3月31日時点で
全国225都市が導入。

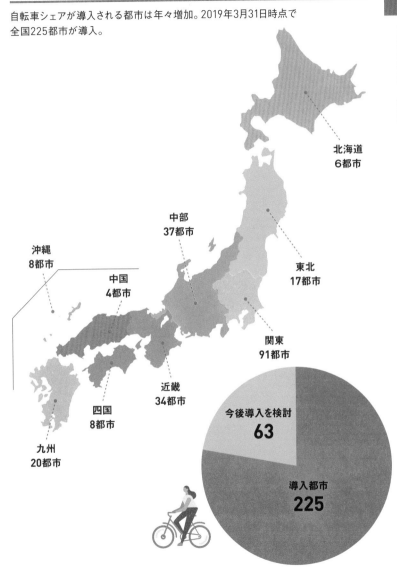

北海道
6都市

中部
37都市

東北
17都市

沖縄
8都市

中国
4都市

関東
91都市

近畿
34都市

九州
20都市

四国
8都市

今後導入を検討
63

導入都市
225

（出典：国土交通省「シェアサイクルの在り方検討委員会」配布資料より）

成熟期に入った
BtoCカーシェア

◉ 個人間カーシェア、カーリースで新たな動きも

　クルマの保有に対する費用（車両維持、保険、駐車場代、ガソリン代など）を気にせず、近くの駐車場から借りたい時に借りられるカーシェア。**登場した当初は日本に定着しないのではないかといわれていましたが、利用者が年々増えています。**交通エコロジー・モビリティ財団が2002年から日本国内の変遷を追いかけています。10年前の2010年の車両台数はわずか1,300台で、会員数は16,177人でしたが、2020年には車両台数が40,290台で、会員数は2,046,581人まで増えました。

　大規模にサービスを提供している事業者は主に3社です。まずはステーションを全国展開しているパーク24グループの**タイムズ24**で、2019年3月時点の車両ステーション数は11,745か所、車両台数は24,491台、会員数は1,175,048人です。そして、都心を中心とした個人向け不動産仲介事業を主とする**三井不動産リアルティ**で、車両ステーション数は2,102か所、車両台数は3,629台、会員数は118,623人。リース事業を展開し法人向けを強みとする**オリックス24**は、24都道府県で展開しており、ステーションは1,790か所、車両台数は3,017台、会員は231,862人です。

　2018年ごろから**個人間カーシェアも話題になっています。**中でもDeNA SOMPO Mobilityが提供する「Anyca（エニカ）」が代表的なサービスです。さらにマイカーリースとこの個人間カーシェアのサービスを組み合わせて、自動車の保有に対するハードルを限りなく下げる仕組みの提案も行われています。

● カーシェア車両台数と会員数の推移

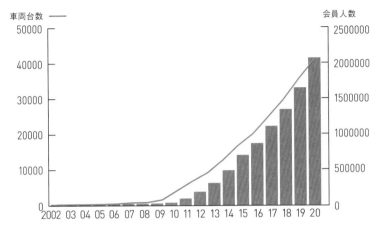

車両台数 ——

会員人数

(出典：交通エコロジー・モビリティ財団資料より)

● 個人間カーシェアの一般的な流れ

1

ドライバーとオーナーの間で予約が確定したら待ち合わせ場所で、クルマの受け渡し。

2

オーナーからレンタルしたクルマでドライブ。トラブルがないように事前にクルマの状態も確認しておくと安心。

3

クルマを返却したら互いにレビューなどを記入。利用料の支払いやオーナーへの使用料等の振り込みは、利用したサービス会社の規約に準じて。

世界で急激に増えた
電動キックボードのシェアリング

日本では原付扱いで進まず

カーシェア、自転車シェア、ライドシェアに次ぎ、2018年ごろから世界で急激に増えたモビリティサービスが「Lime（ライム）」や「Bird（バード）」といったた**電動キックボードのシェアリング**です。海外では、決められた場所で貸出し返却するのではなく、乗り捨て型が一般的なようです。アメリカ、ドイツ、フランス、オーストラリアなどの欧米諸国ではすでに、異なるブランドの大量の電動キックボードを街中で見つけることができます。**GoogleマップやMaaSアプリなどにも電動キックボードが加味された経路検索の結果が出る**ようになってきています。しかし、電動キックボードによる事故や増えすぎた台数による景観の問題も起きています。

欧米ではすでに日常移動として普及しつつある電動キックボードですが、日本では原動機付自転車に分類されるため、免許証、ナンバープレート、ヘルメット、ミラーなどが必要で、シェアリングに利用することが難しい状況にあります。また自転車道の整備も欧米に比べると遅れており、都市部での走行空間に課題があります。

電動キックボードの法整備を働きかけ、電動マイクロモビリティのプラットフォーマーを目指そうと精力的に動いているのが**Luup（ループ）**です。また**mobby ride（モビー・ライド）**も電動キックボードのシェアリングサービスに挑んでいます。一方で、いきなり法整備を進めるのではなく、原動機付自転車としての電動キックボードの利用を増やして、実績を積んではどうかという声もあり、粘り強く取り組む必要がありそうです。

● 電動キックボードシェアの使用イメージ

キックボードは子どもの玩具として利用されていたが、モーターが付き電動になったことで、アクセルを押すだけで前に進むことが可能に。

LUUPにおけるシェアリングサービス利用のイメージ

（現在はシェアサイクルのみ）

1
街中のLUUPポートを見つけて、
乗りたいマイクロモビリティを選ぶ。

2
アプリを立ち上げて、
QRコードをスキャンする。

3
目的地付近のポートまで、
ライドを安全に楽しむ。

4
駐車時の写真をとってライド終了する。

（画像提供：LUUP）

ゴルフカートを地域の
モビリティサービス車両として使う

● 国交省もグリーンスローモビリティとして支援

　ゴルフ場など私有地内の移動で愛用されている**ゴルフカート**を、公道で走らせて、**高齢者の足の確保や観光地の移動の問題を解決しようとする活動が活発化**しています。ゴルフカートは見方を変えれば、環境にやさしいEVで、ゆっくり走るため高齢者も運転しやすく、さらにスイッチボタンを押せば自動で次のヤードまで動くようになっている自動運転システムの実績があるからです。おまけに1回の充電（充電時間は約5時間）で30km以上の走行が可能です。車両は公道利用に改造する必要があります。また高齢者にはゴルファーだった人も多く、新しいサービスには抵抗があるけれども、ゴルフカートであれば馴染みのあるという人も多いようです。国土交通省もゴルフカートを「**グリーンスローモビリティ（グリスロ）**」として活用を支援しています。日本の公道で走らせるためには、乗車定員に応じて軽自動車や小型自動車のナンバープレートを取得することになります。

　MaaSでもグリスロを使った検討が行われています。西日本旅客鉄道、電脳交通などは、グリスロの位置情報および乗車人数をリアルタイムに確認することができる動態管理システムの実証を2019年に行いました。また石川県輪島市や岩手県大槌町などでヤマハ発動機のゴルフカートを使った自動運転の取り組みを重ねて、2017年に沖縄県北谷町で遠隔式自動運転の実証実験が行われました。そして2019年11月に全国ではじめてグリスロを使った自動運転サービスがはじまりました（秋田県の道の駅「かみこあに」を拠点）。

● ゴルフカートを利用したグリーンスローモビリティ

沖縄県北谷町にて行われたヤマハゴルフカー（「YG-M」）による
遠隔式自動運転実証実験の様子

道の駅「かみこあに」にも導入されたヤマハ発動機の「AR-07」

（写真提供：ヤマハ発動機）

自動運転レベルとは？
MaaSでも注視すべきその動向

● 自動運転レベルとは？

　無人の自動運転車を走らせるには、MaaSが必要だといわれています。このようにMaaSを検討する際は自動運転の動きもウォッチしておく必要があります。そもそも自動運転とは何でしょうか。技術レベルや人のクルマに対する関与度によってまったく異なる**自動運転レベル0からレベル5までの総称であることに注意しましょう。**

　自動運転レベル0とは、システムによる運転サポートがない状態です。自動運転レベル1と2は基本的に"人間"が運転し、これは人間が運転しながらもできる限り事故を削減するために検討されてきた安全運転支援システムです。自動運転レベル1ではシステムがハンドル操作、加減速、制御を1つだけ操作し、自動運転レベル2になると、複数操作できるようになります。自動運転レベル3以上になると「高度自動運転システム」と称され、高速道路や駐車場のような限定された空間で、ハンドルやアクセル、ブレーキなどの操作を"クルマのシステム"に任せることができるようになります。自動運転レベル4と5を「完全自動運転システム」といいます。レベル4は条件が揃った場合、人間のサポートを必要としない完全自動運転を行えます。全ての限定条件が無くなったものが完全自動運転レベル5とされています。**MaaSに関係する自動運転レベルは、この4や5です。**

　自動車メーカーはこれまで主に車両を製造して販売することに特化してきました。レベル4や5を目指そうとすると、これまで手掛けたことのない、バスやタクシーといった公共交通に近いサービスも視野に入れていく必要があります。

● 自動運転レベルと目標

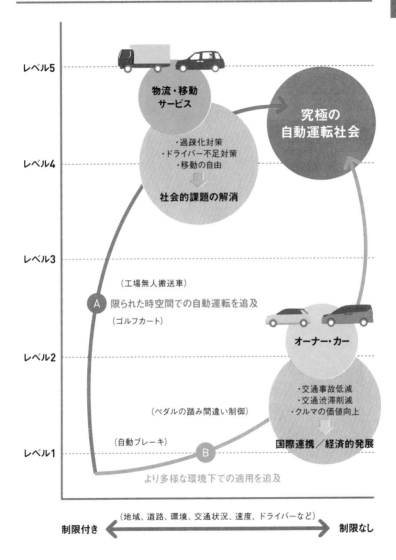

レベル5

物流・移動
サービス

究極の
自動運転社会

・過疎化対策
・ドライバー不足対策
・移動の自由

レベル4

社会的課題の解消

レベル3

（工場無人搬送車）

Ⓐ 限られた時空間での自動運転を追及

（ゴルフカート）

オーナー・カー

レベル2

・交通事故低減
・交通渋滞削減
・クルマの価値向上

（ペダルの踏み間違い制御）

国際連携／経済的発展

レベル1

（自動ブレーキ）

Ⓑ

より多様な環境下での適用を追及

（地域、道路、環境、交通状況、速度、ドライバーなど）

制限付き ←――――――――――→ 制限なし

（出典：内閣府「戦略的イノベーション創造プログラム（SIP）自動運転（システムとサービスの拡張）
研究開発計画」をもとに作成）

MaaSが後押し!?
自動運転バスとタクシー

● 2020年度に自動運転バスがサービス開始

　自動運転車（レベル4、5）を普及させるための土台がMaaSだと考える自動車メーカーも多く、ドライバーがいない自動運転バスやタクシーも注目されています。日本の自動運転施策の羅針盤は「**官民ITS構想・ロードマップ**」で、それに則り、研究開発推進に係る取り組みを進めるのが「総合科学技術・イノベーション会議戦略的イノベーション創造プログラム（通称SIP（エス・アイ・ピー））自動運転」であり、経済産業省や国土交通省といった関係省庁です。

　既存のバスやタクシーの自動運転化に取り組む主な企業は、ソフトバンクグループのBOLDLY（ボードリー／旧SBドライブ）、先進モビリティ、ZMP、群馬大学、Tier4などです。トヨタ自動車も自動運転バスを開発中です。バスやタクシー会社も自動運転車に対して期待を寄せています。本来ならばドライバーの職を奪いかねない自動運転車ですが、業界はドライバー不足に直面しており、ニーズに合致しました。2018年度にはZMPと日の丸交通が世界で初めて自動運転タクシーによるサービスの実証実験を行いました。2020年度は京阪バス（大津市）、神姫バス（三田市）、茨城交通（日立市）などで中型バスを用いて実証実験。2020年末にBOLDLYは茨城県境町でフランス製のアルマ（ARMA）を用いた自動運転バスのサービスを開始しました。

　用途や環境を整えれば、自動運転バスの実用化は可能です。しかし運賃では運行費用を賄えないことや、運転が自動化されても高齢者の乗降を手助けしたりするスタッフは必要そうです。

● 自動運転を後押しするMaaS

茨城県の境町を走る自動運転バス。境町では、BOLDLY、マクニカの協力の下、自動運転バス（仏 Navya 社製の「ARMA」）を導入し、自治体初の公道での生活路線バスとして運行を開始（2020年11月26日から）。

LiDAR（前方用）
カメラ（障害物、信号検知）

GNSS、LTEアンテナ

LiDAR（後方用）

磁気センサー

ミリ波レーダー

LiDAR（前方、側方用）

西日本鉄道、神奈川中央交通、神姫バスなどで実証実験に用いられた中型自動運転バスと装置構成〔エルガミオ（いすゞ自動車）改造〕。

（写真提供：先進モビリティ）

● Column

モノのモビリティサービスを考える「物流MaaS」

　ヒトの移動サービスについての検討が活発化する中で、物流分野における新しいサービス（物流 MaaS）の実現に向けた活動も取り組まれています。

　経済産業省では、慢性的な需要過多・人手不足などの物流業界を取り巻く現状と課題を踏まえ、2019 年度に有識者や商用車メーカー、荷主・運送事業者、IT ソリューション事業者の民間事業者などの参加のもと、「物流 MaaS 勉強会」を開催し、2020 年 4 月20 日、商用車業界としての取り組みとして以下の 3 つの方向性を取りまとめました。

● トラックデータ連携の仕組み確立
● 見える化・混載による輸配送効率化
● 電動商用車活用・エネルギーマネジメントに係る検証

物流MaaSの実現像

（出典：経済産業省「物流MaaS勉強会 とりまとめ資料」をもとに作成）

Part

4

最新動向をつかむ！

MaaSに関する
国内外の動き

政府の成長戦略においても MaaSはキーワードに

●「未来投資戦略2018」でMaaSの実現に向けて後押し

　日本の経済再生を目指した旧安倍内閣の経済政策アベノミクス三本の矢（大胆な金融政策、機動的な財政運営、民間投資を喚起する成長戦略）。その1つ「民間投資を喚起する成長戦略」で、未来への投資を拡大させたり、構造改革を加速させたりするために未来投資会議が開かれました。この会議がまとめた「**未来投資戦略2018**」**にMaaSが取り上げられ、政府の方針としてMaaSが重点施策に置か**れるようになりました。これはMaaSの推進において非常に大きいことで、この方針を受けて**国土交通省**と**経済産業省**が中心となり検討会の開催や具体的な施策を推進するようになりました。

　2018年に国交省は総合政策局、道路局、都市局の3局が連携して「都市と地方の新たなモビリティ懇談会」を、また経産省は「IoTやAIが可能とする新しいモビリティサービスに関する研究会」を立ち上げて、各々のMaaSに関する方向性を整理しました。

　さらにモビリティサービスへのデジタル活用であり、自動運転の普及の基盤だともいわれるMaaSは、スマートシティや自動運転へと発展するため、内閣府、経産省、国交省、総務省のスマートシティ関連施策や日本の自動運転の方向性を示す「官民ITS構想・ロードマップ」でも重要なワードとして記載されるようになりました。

　また2019年10月の未来投資会議では、MaaSを加速させるために、国交大臣の認可を受ければ、乗合バス（一般乗合旅客自動車運送事業者）の合併や共同経営（カルテル）についての独占禁止法を適用しないことが検討され、2020年の通常国会で成立しました。

● MaaSに関する国の動き

2018

「未来投資戦略2018」MaaSが取り上げられる。

国交省「都市と地方の新たなモビリティ懇談会」
経産省「IoTやAIが可能とする新しいモビリティサービスに
関する研究会」を立ち上げる。

日本の自動運転の方向性を示す「官民ITS構想・ロードマップ」でも重要なワードとして記載されるようになる。

2019

新しいモビリティサービスの社会実装に挑戦する地域等を応援する新プロジェクト「スマートモビリティチャレンジ」を開始。（1年目）28の支援対象地域・事業を選定。

国交省「交通政策審議会交通体系分科会地域公共交通部会」の中間とりまとめにMaaSが盛り込まれる。

国交省「MaaS関連データ検討会」で「MaaS関連データの連携に関するガイドラインVer.1.0」が策定される。

乗合バスの共同経営や独占禁止乗合バスの合併や共同経営ついての独占禁止法を適用しないことが検討され、2020年の通常国会で成立。

2020

2年目の新しいモビリティサービスの社会実装に挑戦する地域等を応援する新プロジェクト「スマートモビリティチャレンジ」の38支援対象地域・事業を選定。

MaaSに関連する分野を多く所管、国土交通省が示す方向性

● 都市と地方の新たなモビリティ懇談会

中央省庁の中でMaaSに関係する分野を多く所管しているのが**国土交通省**です。在来線や新幹線などを担当する鉄道局、バスやタクシー事業の監督や次世代自動車の普及などの自動車局、道路や自転車政策などの道路局、都市再生やまちづくりなどの都市局、空の交通の航空局、海の交通の海事局、そして国交省の総合的かつ基本的な方針の企画・立案や各局横断的な施策のとりまとめなどを行っているのが**総合政策局**です。そのため日本のMaaSの基本的な方向性について、中央省庁の資料をたどるとすれば、国交省の総合政策局が出しているものが、日本の実情に応じた内容になっています。

総合政策局は2018年に道路局、都市局と連携して**「都市と地方の新たなモビリティ懇談会」**を開きました。懇談会での中間とりまとめには、海外のMaaSの動向と日本の課題が細かく分析されています。今後の新しいモビリティとMaaSについても詳しくまとめられており、そこでの方向性に則りさまざまな検討会が行われています。

中間とりまとめでは、MaaSの関連データについて（オープンにすべきデータの整理、API仕様の標準化、データプラットフォーム、災害時の情報共有など）、運賃・料金の柔軟化／キャッシュレス化（事前確定運賃、サブスクリプション、ダイナミックプライシングなど）、まちづくり・インフラ整備との連携などが示されています。また日本が目指すべきMaaSは、個々のMaaSが連携する**「ユニバーサルなMaaS」**、移動と多様なサービスが連携する**「高付加価値なMaaS」**、**「まちづくりと連携したMaaS」**だといいます。

● 国土交通省が示す日本版MaaSのイメージ

MaaS相互の連携によるユニバーサル化、移動と多様なサービスの連携による高付加価値化、交通結節点の整備等まちづくりと連携したMaaSが日本版MaaSのイメージ。

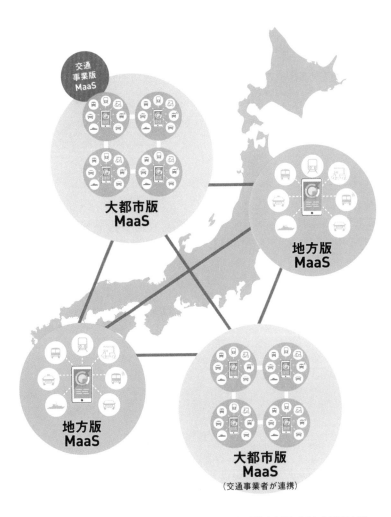

(出典：国土交通省「都市と地方の新たなモビリティサービス懇談会中間とりまとめ概要」より)

地域のステークホルダーを
調整する会議が以前から存在

● サービスとしてのモビリティ

　MaaSを検討するためには、地域の移動サービスがこれまででどのようなスキームで検討されてきたのかを理解する必要があります。

　MaaSを構成する移動手段の鉄道、バス、タクシーなどは民間、自治体、第三セクターなどさまざまな経営形態で運行されており、サービスの量と質はその経営判断に委ねられています。しかし、持続可能な地域をつくるためには、移動サービスの全体のバランスの調整や、足りない部分は新たに生み出す必要があります。そこで2007年より**地域公共交通活性化再生法**が制定され、市町村が主体となり幅広い関係者の参加による協議会（交通事業者、道路管理者、利用者、学識者などから構成）を設置し、計画を策定するようになりました。2014年には地域公共交通活性化再生が改正され、都市機能や医療・福祉・商業施設などの都市機能を誘導し、コンパクトなまちづくりと一体となった公共交通を再編する（コンパクト・プラス・ネットワーク）ための計画制度へと変わりました。

　さらに2020年の改正では、「**地域公共交通計画**」を原則としてすべての地方公共団体が策定するように定められ努力義務化されました。また路線バスなどの維持が困難と見込まれた段階で、地方公共団体が関係者と協議して、サービス継続のための実施方針を策定する「地域旅客運送サービス継続事業」が新設されました。一方、MaaSを後押しするため、地域公共交通計画とは別に「**新モビリティサービス事業計画**」の策定を促し、交通事業者毎であった運賃設定に係る手続きをワンストップで行えるような制度がつくられました。

● 地域公共交通活性化再生法の基本スキームの概要

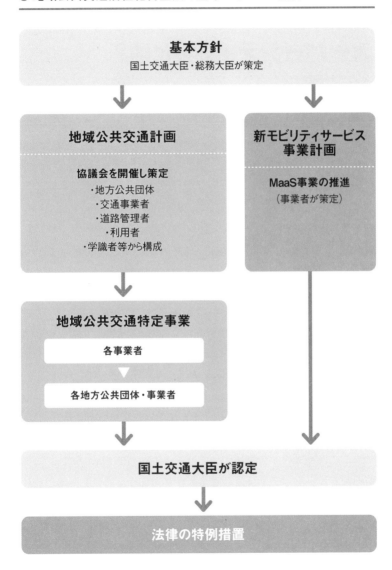

基本方針
国土交通大臣・総務大臣が策定

地域公共交通計画

協議会を開催し策定
・地方公共団体
・交通事業者
・道路管理者
・利用者
・学識者等から構成

**新モビリティサービス
事業計画**

MaaS事業の推進
（事業者が策定）

地域公共交通特定事業

各事業者

各地方公共団体・事業者

国土交通大臣が認定

法律の特例措置

（出典：国土交通省「都市と地方の新たなモビリティサービス懇談会中間とりまとめ概要」より）

スマートシティと
スーパーシティ法案とは？

● スマートシティとMaaS 事業は重複する

　よく耳にするようになった「スマートシティ」という言葉。MaaS
とは別物と考え、違いがうまく整理できない人も多いでしょう。実
は国土交通省や経済産業省が取り組むMaaSの事業がそのままスマ
ートシティ事業になっているため、別物ではないのです。

　スマートシティの事業に取り組んでいる府省は、内閣府、総務省、
経産省、国交省です。内閣府地方創生推進事務局の未来技術社会実
装事業、内閣府情報流通行政局のデータ利活用型スマートシティ推
進事業、国交省都市局のスマートシティ実証調査事業、経産省製造
産業局の自動走行車などを活用した新しいモビリティサービスの地
域実証事業、国交省総合政策局の日本版MaaS推進・支援事業がス
マートシティにあたります。経産省の製造産業局と国交省の総合政
策局の事業がまさにMaaSの事業です。

　スマートシティは以前からある言葉で、電気エネルギーをテーマ
にはじまり、近年のテーマはデジタル活用です。デジタルを活用し、
地域課題や新たな価値の創造を進めるためには、行政や企業がバラ
バラな手法やルールで進めていてはうまくいきません。そこで関係
府庁のスマートシティは、考慮すべき要素を体系的にまとめた「ス
マートシティレファレンスアーキテクチャ」という共通の様式に則
って進められています。デジタル活用により都市課題の解決アプロ
ーチが同時にいくつも行えるようになってきており、2020年には新
たに「スーパーシティ法案」が成立。より分野横断的な規制改革を、
同時一体的に進めやすくなりそうです。

● スマートシティリファレンスアーキテクチャの全体像

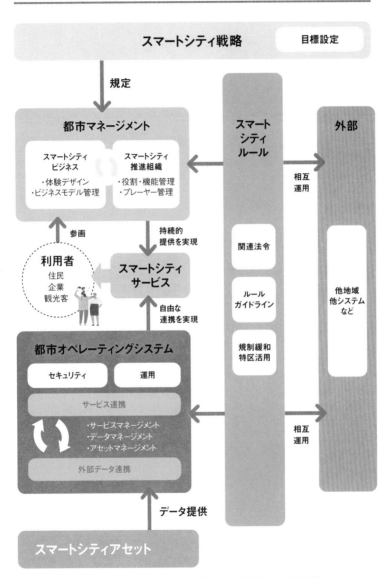

(出典:内閣府「スマートシティリファレンスアーキテクチャ　ホワイトペーパー」より)

経産省と国交省が進める
スマートモビリティチャレンジ

● 最新の国内のMaaS の事例がずらり

　自動車やそのサービスに関して所管する**経済産業省製造産業局**と**国土交通省総合政策局**は、関係省庁の中でもっとも積極的にMaaSに取り組んでいます。

　経産省は、新しいモビリティサービスの社会実装に向けて、「先進パイロット地域」を公募し、2019年度に13地域を選定しました。2020年度には、①他の移動との重ね掛けによる効率化、②モビリティでのサービス提供、③需要側の変容を促す仕掛け（移動需要を喚起）、④異業種との連携による収益活用・付加価値創出、⑤モビリティ関連データの取得、交通・都市政策との連携と自動走行を活用したものに関する実証実験や事業性分析などに取り組む38事業を選びました。そして事業づくりの参考になるように、2019年度の事業から抽出した「新しいモビリティサービスの社会実装に向けた知見集ver1.0」を作成しています。国交省は、2019年度に「新モビリティサービス推進事業」を公募し19事業を選定しました。2020年度には地域の課題解決に資するMaaSのモデル構築を図る「日本版MaaS推進・支援事業」を公募し、38事業を選出しました。

　上記の事業は、個別に事業を推進するだけではなく、経産省と国交省は「**スマートモビリティチャレンジ**」として連携しています。スマートモビリティチャレンジでは、シンポジウムを各地で開いたり、地域や企業等が幅広く参加する協議会（2020年3月現在で228団体）を立ち上げて、情報共有を促したり事業性、地域経済への影響、制度的課題などを整理し、ビジネス環境整備を進めています。

▶ スマートモビリティチャレンジ対象地域として選定された52地域

〈東海〉
- ㉖ 静岡県伊豆半島
- ㉗ 静岡県静岡市
- ㉘ 静岡県浜松市（佐久間町）
- ㉙ 静岡県浜松市（春野町）
- ㉚ 静岡県湖西市
- ㉛ 愛知県尾三地区南部
- ㉜ 愛知県常滑市
- ㉝ 愛知県春日井市
- ㉞ 三重県菰野町

〈近畿〉
- ㉟ 福井県永平寺町
- ㊱ 滋賀県大津市
- ㊲ 京都府泉丹後市
- ㊳ 京都府舞鶴市
- ㊴ 京都府京都市
- ㊵ 大阪府池田市
- ㊶ 兵庫県神戸市
- ㊷ 兵庫県養父市

〈関東・中部〉
- ⑧ 新潟県新潟市
- ⑨ 茨城県日立市（ひたち地域）
- ⑩ 茨城県土浦市
- ⑪ 栃木県宇都宮市
- ⑫ 群馬県前橋市
- ⑬ 埼玉県三芳町
- ⑭ 千葉県千葉市
- ⑮ 東京都東村山市
- ⑯ 東京都町田市
- ⑰ 神奈川県川崎市
- ⑱ 神奈川県横浜市周辺
- ⑲ 神奈川県横須賀市周辺
- ⑳ 神奈川県三浦半島
- ㉑ 神奈川県南足柄市
- ㉒ 富山県朝日町
- ㉓ 石川県加賀市
- ㉔ 長野県塩尻市
- ㉕ 長野県茅野市

〈北海道〉
- ① 北海道上士幌町
- ② 北海道十勝地域
- ③ 北海道北広島市
- ④ 北海道札幌地域
- ⑤ 北海道洞爺湖町

〈東北〉
- ⑥ 福島県南相馬市、浪江町、双葉町
- ⑦ 福島県会津地域

●経済産業省・国土交通省採択地域
●経済産業省採択地域（先進パイロット地域）
●国土交通省採択地域
（令和2年度）

〈中国・四国〉
- ㊸ 広島県（広島空港・庄原市）
- ㊹ 広島県福山市
- ㊺ 広島県広島市
- ㊻ 香川県高松市
- ㊼ 香川県三豊市
- ㊽ 愛媛県南与地域・松山市

〈九州〉
- ㊾ 福岡県糸島市
- ㊿ 宮崎県宮崎市・日南市
- 51 沖縄県全域
- 52 沖縄県宮古島市

（出典：経済産業省ホームページより）

自動車メーカーは 自社の特性を活かしたMaaSを展開

● CASE を意識した自動車メーカーの動き

　国内外の自動車メーカーは100年に一度の自動車業界の大変革を表す「CASE」を意識しながら、**自社の特性に応じたMaaSを展開**しています。

　トヨタ自動車はモビリティカンパニーへの変革に合せるために、組織体制の中にコネクティッド・MaaSを担当する副社長を立てています。**本田技研工業**はCASEを意識し「Honda eMaaS」を2030年ビジョンに盛り込んでいます。eMaaSとはモビリティサービス（MaaS）と、エネルギーサービス（EaaS）によって移動と暮らしがシームレスにつながるサービスです。

　軽自動車メーカーは高齢者にやさしい自動車を活用したモビリティサービスの提供を模索しています。**ダイハツ工業**の「通所介護事業施設向け送迎支援システム『らくぴた送迎』」と「福祉介護領域における共同送迎の実現に向けた取り組み」が高く評価されています。**スズキ**も富山県朝日町などで地域住民の移動サポートに関するMaaS実証実験を行っています。

　欧州では、**ダイムラーやBMW**はMaaSという言葉が登場する以前から、カーシェア、充電ステーション、タクシーなどクルマ離れ、環境問題、自動運転社会を見据えてモビリティサービスに積極的に取り組んできました。

　GoogleやApple、アメリカや中国などでは自動運転専用車両の開発を手掛けるスタートアップも登場してきており、それらを意識した既存の完成車メーカーの動きも見ていく必要があります。

● 本田技研工業が掲げる「Honda eMaaS」のイメージ

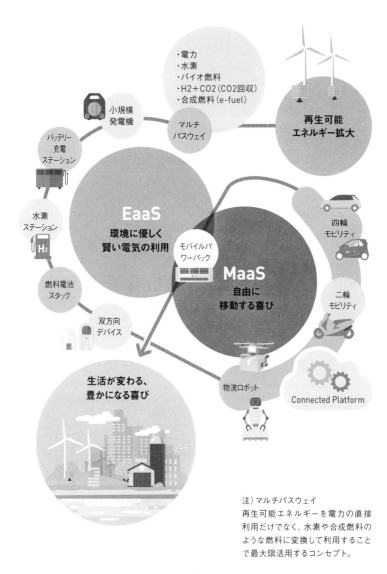

・電力
・水素
・バイオ燃料
・H2+CO2（CO2回収）
・合成燃料（e-fuel）

マルチ
パスウェイ

再生可能
エネルギー拡大

小規模
発電機

バッテリー
充電
ステーション

水素
ステーション

H2

燃料電池
スタック

双方向
デバイス

EaaS
環境に優しく
賢い電気の利用

モバイルパ
ワーパック

MaaS
自由に
移動する喜び

四輪
モビリティ

二輪
モビリティ

生活が変わる、
豊かになる喜び

物流ロボット

Connected Platform

注）マルチパスウェイ
再生可能エネルギーを電力の直接
利用だけでなく、水素や合成燃料の
ような燃料に変換して利用すること
で最大限活用するコンセプト。

（出典：Honda「2030年ビジョン実現に向けた方向性」資料より）

民鉄各社は
観光や沿線のMaaSを展開

▶ 2025年の大阪・関西万博に合わせた関西の動きも

　都市部や観光地でのMaaSの核となる鉄道各社は、経営環境の変化にも後押しされ、MaaSに本腰を入れはじめています。先陣を切ったのは、主に関東の民鉄で東急、小田急電鉄、JR東日本です。

　日本の観光型MaaSは、東急交通インフラ事業部MaaS担当課長の森田創氏が中心となり進めている「Izuko（イズコ）」が始まりです。

　小田急電鉄は経営戦略部課長の西村潤也氏が牽引し、MaaSアプリ「EMot（エモット）」やオープンな共通データ基盤「MaaS Japan」を進めています。JR東日本は、交通系ICカードSuicaやJREポイントと連携させ利便性を向上させています。その他では、JR西日本がMaaSアプリ「Setowa（セトワ）」のサービスを2020年に開始しました。JR九州、JR四国、JR東海なども他社と連携しながらMaaSを推進しています。

　東京地下鉄（東京メトロ）は大都市型MaaS「東京メトロmy!アプリ」を2020年3月に始動。京浜急行は三浦半島などの沿線の都市やスタートアップと連携。西武鉄道は2020年9月からMaaSアプリ「SeMo（セーモ）」の提供をはじめ、東武鉄道は観光型MaaSを検討。京王電鉄は沿線住宅地と観光エリアでのMaaSを考えています。京成電鉄はANAの航空券予約とスカイライナー券購入を連動させました。関西では、近鉄グループが伊勢志摩エリアで、京阪ホールディングスが大津市内と比叡山の観光地で実証実験を実施。さらに関西に主要路線を持つ7社は、「関西MaaS検討会」を組織し、2025年に開催される万博に向けて共同で検討することに合意しました。

● 小田急電鉄が進める「MaaS Japan」の機能イメージ

MaaSアプリの提供

EMotだけでなく、他の交通
事業者や自治体等が開発する
MaaSアプリにも活用できる。

海外アプリとも連携

WhimやZipsterなどとの
連携により、訪日外国人
旅行者にも便利な環境を整備。

⇕　　　　　　　　　⇕

オープンな共通データ基盤
MaaS Japan

小田急電鉄がヴァル研究所の支援のもと開発しているMaaSの
実現に必要なデータ基盤のこと。
鉄道やバス、タクシーなどの交通データや
各種フリーパス・商業施設での割引優待をはじめとした
電子チケットの検索・予約・決済などの機能を提供する。

検索エンジン ヴァル研究所

交通サービスの予約・配車システム

ANA　Times CAR SHARE　docomo bike share
Japan Taxi　MOV　WHILL
AI運行バス　HELLO CYCLING

フリーパス等の電子チケット

その他の機能・サービス

（出典：小田急電鉄ニュースリリースをもとに作成）

MaaSで課題解決を目指す
バス業界の動き

● バスの利便性向上をはかる

　バス会社では、**WILLER（ウィラー）**、**みちのりホールディングス**、**西日本鉄道**、**神姫バス**などが主体的にMaaSや自動運転に取り組んでいます。他のバス会社は、連携する形でMaaSに参画しています。

　WILLERは高速乗合バスのネットワークを全国に持ち、飛行機や空港などのようにバスのシート、予約、集合の方法を工夫するなど、バス業界に新たな風を送り込んだ企業の一つです。また日本のみならずベトナム、シンガポールなど海外へも進出しています。MaaSでは、ひがし北海道エリア、京都丹後鉄道沿線エリア、宇治茶、煎茶の銘産地の南山城村エリアで観光MaaSアプリ「WILLERS（ウィラーズ）」を展開しています。

　再生支援などを行う経営共創基盤を親会社に持つ、**みちのりホールディングス**は、岩手県北自動車・福島交通・会津乗合自動車・関東自動車・茨城交通・湘南モノレールを傘下に置いています。岩手県北バスが運行する仙台空港から松島・平泉・花巻線で観光型MaaS、茨城交通は実施主体とし地域住民を対象に展開する日立地域MaaSプロジェクトに取り組んでいます。また会津乗合自動車は会津Samurai MaaSプロジェクトに参画しています。

　日本最大級の路線バスのネットワークを有する**西日本鉄道**（西鉄、本社は福岡市）は、トヨタ自動車とともにMaaSアプリ「my route（マイルート）」を展開しています。

　そして**神姫バス**は、バスの利便性向上のためMaaSアプリ「PassRu（パスル）」をつくりました。

● みちのりホールディングスの構成

産業再生機構の流れから設立された経営共創基盤を親会社に、
バス業界の一大勢力を形成するみちのりグループ。

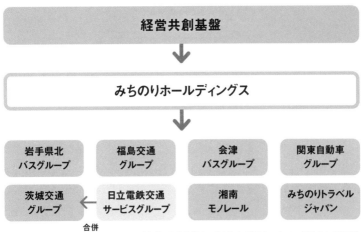

<table>
<tr><td colspan="4" align="center">経営共創基盤</td></tr>
</table>

↓

みちのりホールディングス

↓

岩手県北 バスグループ	福島交通 グループ	会津 バスグループ	関東自動車 グループ
茨城交通 グループ	日立電鉄交通 サービスグループ	湘南 モノレール	みちのりトラベル ジャパン

合併

（出典：みちのりホールディングスホームページをもとに作成）

● バス会社各社は経路検索や観光情報を統合した
MaaSアプリを展開

配車アプリで利便性の向上を図る
タクシー業界の動き

●ライドシェア勢との連携で共存をはかる

タクシー業界はMaaSという言葉が注目される以前から、車両の位置情報の見える化、クレジットカードや交通系ICカードでの決済などを取り入れ、使いやすいタクシーを目指してきました。近年では**スマートフォンを利用したタクシー配車アプリの開発を積極的に行**っています。

日本発のタクシーの配車アプリには、「JapanTaxi（ジャパンタクシー）」と「MOV（モブ）」、そしてこの2つが統合された「GO（ゴー）」、「S.RIDE（エスライド）」などがあります。

一般ドライバーと乗り手をマッチングさせるライドシェアアプリ系の「Uber（ウーバー）」や「DiDi（ディディ）」の日本上陸当初は、事業として行っているタクシー業界の脅威だと叩かれていました。

しかし、これらの**ライドシェアアプリは日本では"タクシーを配車するアプリ"**という整理が行われて、それ以降はタクシー業界との関係性が大きく変わりました。ライドシェアアプリは全世界で爆発的にユーザーを増やしているものも多く、海外旅行客が自国で使い慣れたアプリを日本でも使え誘客できる点やアプリの精度の高さを評価したタクシー会社が連携を行っています。

これらのタクシー配車アプリは、他との連携も行っています。たとえばJapanTaxi、Uber、DiDiは経路検索のGoogleマップに組み込まれていますし、NAVITIME（ナビタイム）はJapanTaxiと連携しています。最近は多様な移動手段を組み合わせた「my route」や「東京メトロmy!アプリ」といったMaaSアプリとの連携も進んできています。

● 「MOV」と「JapanTaxi」が統合、新しい配車アプリ「GO」が誕生

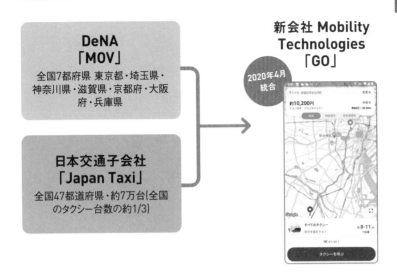

**DeNA
「MOV」**

全国7都府県 東京都・埼玉県・
神奈川県・滋賀県・京都府・大阪
府・兵庫県

**日本交通子会社
「Japan Taxi」**

全国47都道府県・約7万台(全国
のタクシー台数の約1/3)

**新会社 Mobility
Technologies
「GO」**

2020年4月
統合

● 「みんなのタクシー」から「S.RIDE」へ

「みんなのタクシー」

2018年、タクシー 7社とソニー、ソ
ニーペイメントサービスにより設立。
2019年より配車アプリ「S.RIDE」
を提供開始。

「S.RIDE」

2021年1月

みんなのタクシー株式会社からS.RIDE株式会社
に社名変更。東京23区を中心に都内、神奈川、埼
玉などの一部地域で利用可能。

自転車・電動キックボード・カーシェアが経路検索でも一般的に

● スマホの登場とともに多様化と統合へ

　ヨーロッパではクルマによる環境汚染や交通渋滞の問題への対策、人中心のまちづくりが昔から行われており、**所有からシェアの動きが日本より早く活発化していました**。そのためスマートフォンの登場やデジタル化の波に合わせて、自転車・カー・電動キックボードシェアなど、日本よりも先行して、サービス化されています。

　さらに、これらのシェアサービスは個別に存在するのではなく、経路検索結果にも盛り込まれています。移動サービスが複合的に連携することで、もっと利用者が増える、という思考が一般的です。したがって、ヨーロッパではMaaSに取り組んでいるという意識ではなく、**社会のデジタル化による自然な流れとしてサービスが提供されている**ような感覚です。

　日本でもMaaSが注目されたことをきっかけに、経路検索の中に、公共交通に加えて、自転車シェア、カーシェアといったシェアリングサービスやタクシーが検索結果として盛り込まれるようになってきています。特に自転車シェアは必須アイテムになってきており、次いでカーシェアやタクシーが続きます。電動キックボードは日本では原動機付自転車扱いになり、欧州のようなサービス運用は難しく、実証実験はあるものの一般的ではありません。

　日本のMaaSの中で、鉄道やバス以外の移動サービスを経路検索に統合させた代表的なアプリは、東急の「Izuko（イズコ）」、小田急電鉄の「EMot（エモット）」、トヨタ自動車の「my route（マイルート）」、東京メトロの「東京メトロmy!アプリ」などです。

● 所有からシェアへ。モビリティの多様化とサービスの統合

ヨーロッパでは所有からシェアの動きが日本より早く活発化

ドイツ・ベルリン駅前の様子。ポートにはシェアサイクルや電動キックボードが並ぶ。

日本でも経路検索にシェアリングサービスが融合

my routeの経路検索。電車以外にもカーシェアなどが検索結果に。

東京メトロmy!アプリの経路検索。シェアサイクルやタクシーなども反映した結果に。

経路検索を抜きにして
MaaSは語れない

● 日本でも公共交通以外の検索結果の統合が活発化

　日本では公共交通以外の移動サービスの経路検索への統合が欧州よりも遅れていました。しかし、MaaSが注目されたことをきっかけに、**公共交通以外の移動手段や移動サービスを統合する動きが少しずつ活発化**しています。日本国内で注目すべき経路検索や乗換検索事業者は、**Google、ヴァル研究所、ジョルダン、ナビタイムジャパン**などです。

　国内外で最もユーザーの多い**Google**は独自路線で、MaaSに対して特別なことは表明していませんが、タクシー、電動キックボード（海外のみ）などのシェアリングサービスも検索結果に出るようになっています。

　ヴァル研究所はYahoo!乗換検索に公共交通の検索エンジンを提供している企業で、MaaSを裏側で支えるスタンスをとっていますが、MaaSに最も積極的な企業といっても過言ではありません。タクシー、自転車シェア、デマンド交通の移動サービスを統合した、日本初のMaaS向け複合経路検索API「mixway API」の提供を2019年7月に開始しました。

　ナビタイムジャパンが提供する「NAVITIME」のトータルナビは、クルマ、徒歩、自転車などの「道路の経路検索」と、時刻表やダイヤに基づくバス、飛行機、鉄道などの「公共交通の乗換検索」を組み合わせて一度に検索することが可能です。**ジョルダン**はモバイルチケットに特化しながら、事業者向けマルチモーダル経路検索プラットフォームJRD-COMPASSを2020年3月にリリースしています。

Google

Google マップの経路検索。
検索結果からタクシーの配車
を開くことも。

ヴァル研究所

ナビタイムジャパン

シェアサイクルの検索も
できるmixway。

周辺の施設なども検索で
きるNAVITIME。

新型コロナウイルス禍でも
利用者数が伸びる台湾

● MaaS はインテグレーションプラットフォーム

　台湾では政府がスポンサーになって、フィンランドが定義する狭義のMaaSにならい、持続可能なビジネスモデルを検討する2つのパイロット事業が進められています。**台湾北部台北のMaaSアプリ「UMAJI遊.買.集」、南部の高雄市のMaaSアプリ「MeNGo」**です。

　台湾が考えるMaaSとは、「Policy + Integrated Service + Customer Oriented = MaaS」です。交通政策の要素を含みながら、多様な交通手段・料金・決済・情報を統合し、携帯端末アプリで利用者視点での最適な組み合わせを提供するサービスで、インテグレーションプラットフォームだと考えられています。MaaSによって、公共交通、シェアサービスを統合し、バイクやクルマなどを保有することと同等のドアツードアサービスを提供し、市民がバイクやクルマから公共交通へ転換することを目指しています。

　2つのアプリの内、高雄市の「MeNGo」が興味深く、すでに実用化がはじまっています。MaaSプラットフォームにメトロ、バス、LRT、Cバイク、タクシー、駐車場の情報を集めてサービスを展開しています。また料金プランは4つあり、①MRT、LRT、バス、Cバイク、タクシーの乗り放題プラン、②バスの乗り放題プラン、③長距離バスの利用者向け乗り放題プラン、④フェリー乗り放題プランです。

　高雄市では新型コロナウイルス流行が原因で公共交通の利用者は減少しましたが、MeNGoの利用者は減少しませんでした。そこで利用者獲得のため割引プロモーションを打ったところ、さらに利用者が伸びました。

台湾が考えるMaaS

||

政策 ＋ 統合サービス ＋ カスタマーオリエンティッド
(顧客の満足度や利便性を大切にする)

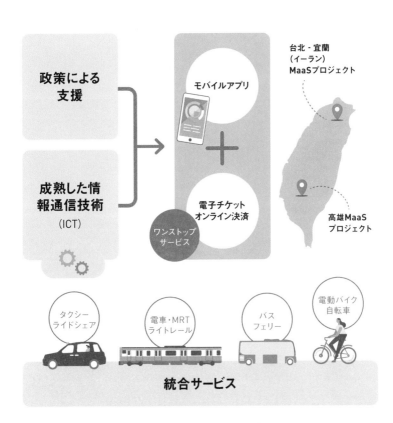

政策による
支援

成熟した情
報通信技術
(ICT)

モバイルアプリ

＋

電子チケット
オンライン決済

ワンストップ
サービス

台北・宜蘭
（イーラン）
MaaSプロジェクト

高雄MaaS
プロジェクト

タクシー
ライドシェア

電車・MRT
ライトレール

バス
フェリー

電動バイク
自転車

統合サービス

行政のデジタル化が進む
オーストリア

● 自動運転もすぐに対応可能

　欧州のオーストリアではMaaSグローバル社の「Whim」や首都ウィーンの交通公社が提供する住民向けアプリ「WienMobil（ウィーンモビル）」などさまざまなMaaSアプリが提供されています。

　これらのMaaSアプリを裏側で支えているのが共通データ基盤「VAO（ヴイエーオー）」です。VAOには、オーストリア全土の地図や時刻表などの「静的情報」と公共交通と自動車交通の「動的情報」が集められるようになっています。

　静的情報の地図向けは、公的な交通情報基盤「交通地図統合情報基盤（GIP.gv.at）」です（2006年より運用開始）。「GIP.gv.at」に集められる情報は、道路、自転車道、登山道、線路、ケーブルカー、航路、交差点に関わる情報（車線、歩道、自転車道）、交通規制（速度制限、右左折可否、標識の設置場所）などオーストリア全土の公的な交通情報で、各々の道路管理者が持つ一次情報を集められるようになっています。静的情報の時刻表と動的情報の公共交通のリアルタイム情報は、ドイツのSiemens（シーメンス）100％子会社のHaCon（ハーコン）の「HAFAS（ハーファシュ）」から提供されています。公共交通事業者の車両の運用管理、リアルタイムデータ管理、運行ダイヤの立案と管理、工事の管理などの業務効率改善、ユーザーへの情報提供の両方を実装できるようにつくられています。

　共通データ基盤づくりは、ユーザーへの情報提供だけではなく、デジタル化による業務効率化が大きなモチベーションになっているようです。また自動運転時代にも即対応な状態ともいえます。

● オーストリアのMaaSを支える「VAO」

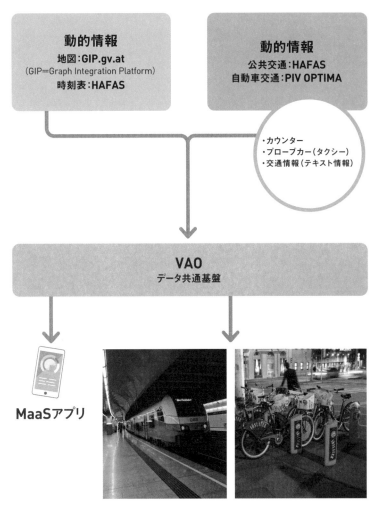

動的情報
地図：GIP.gv.at
（GIP＝Graph Integration Platform）
時刻表：HAFAS

動的情報
公共交通：HAFAS
自動車交通：PIV OPTIMA

・カウンター
・プローブカー（タクシー）
・交通情報（テキスト情報）

VAO
データ共通基盤

MaaSアプリ

各種サービス

（出典：ウィーン工科大学交通研究所 交通工学・交通計画研究部門 研究員　柴山 多佳児氏より提供）

販売チャネルをMaaSアプリに
移行させるスイス

● わずらわしい運賃計算と支払いのない世界を目指す

　スイスでチケットを購入する方法は「券売機」「窓口」「ウェブサイト」「MaaSアプリ」があります。2016年までは「券売機」での購入が一番多く、「窓口」、「ウェブサイト」と３つの方法が主でした。

　そしてスマートフォンの普及に合わせて2016年頃からスイス連邦鉄道（SBB）が提供する**MaaSアプリ「SBB Mobile（エスベーベー・モバイル）」**などが登場しました。SBB Mobileでは、自転車シェアやカーシェアを含めた経路検索と予約決済、スキー場リフト券や映画館の予約や支払いなどとも連動しています。

　新たに出されたスイスの長期的な販売チャネルの計画では「券売機」「窓口」での販売を「MaaSアプリ」に移行させる方向性が示されました。乗客が利用するスマートフォン用にアプリを開発して、公共交通事業の効率化を進めるとともに、新しいサービスや機能を付加させることにより提供するサービスの質の向上に取組もうと考えているからです。

　なぜスイスは販売チャネルをMaaSアプリに移行することが可能なのでしょうか。裏側でMaaSアプリを支える**共通プラットフォーム（「NOVA（ノヴァ）プラットフォーム」**に秘密があります。この共通プラットフォームには、地図、スイスのすべての交通事業者の運行データ、運賃情報、乗客情報、支払い情報などが集められています。そしてこれを基に交通事業者は各々のウェブサイトやスマホアプリをつくるしくみになっています。さらに事前にチケットを購入する行為すらなくしてしまおうとしています。

● スイスのMaaSアプリを裏で支える共通プラットフォーム「NOVA」

スイス連邦鉄道のみならず、
約250を超える全土の公共交通の情報が一元化されている

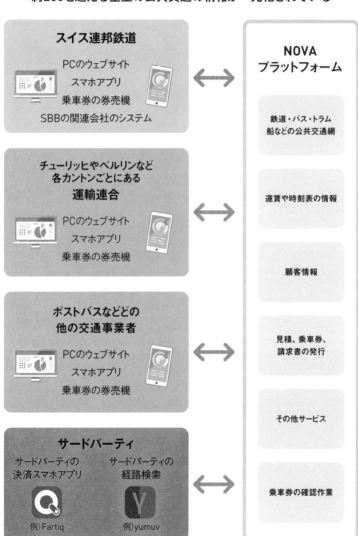

ダイムラーとBMWが
MaaSに挑むREACH NOW

● 若者のクルマ離れ問題がはじまり

　実は欧州の自動車メーカーの方が、日本の自動車メーカーよりも先にモビリティサービスに取り組みはじめました。ドイツに本社を置く**ダイムラー**は、2000年代に入り若者のクルマ離れが深刻化するなかで、次のことを考えたようです。人々のクルマに対する価値観が変わったのではないか。環境問題や交通事故などに対して自動車メーカーも考える必要あるのではないか。都市や社会とクルマの関係を考え直す必要があるのではないか。そして自動運転時代の社会や都市について、都市計画、交通計画などさまざまな専門家や自治体とともに考える取り組みを行っています。

　ダイムラーは2008年からドイツ・ウルムであるモビリティサービスを社員向けに提供しはじめます。そのサービスとは、同社の車両smartをあるエリア内でどこでも借りて乗り捨てることができるカーシェアです。サービス名は「car2go（カー・ツー・ゴー）」。また**BMW**も首都ベルリンなどで同様のサービスを「DriveNOW（ドライブナウ）」のブランド名で開始しました。

　両社はカーシェアのみならず、タクシー、駐車場、EVスタンドなどクルマに関するサービスにも力を入れはじめます。ダイムラーは公共交通や他のサービスを統合したマルチモーダルサービス「moovel（ムーベル）」も手掛けています。そして2019年に両社は、他の競合に対抗するため、ジョイントベンチャーをつくり、別々に提供してきたサービスを「REACHNOW」「SHARENOW」などといったブランド名に統合しました。

● BMWグループとDaimler AG（ダイムラー）がサービス統合

1つの傘の下、5分野でモビリティサービスを連携・統合

Daimler　　　　　　　　　　　　　　　　**BMW Group**

「REACH NOW」
さまざまな移動サービスを組み合わせた経路検索、予約、決済のプラットフォームを提供

「FREE NOW」
タクシーやEスクーターなど多様なモビリティサービスを提供

「CHARGE NOW」
充電ステーションサービスを提供

「PARK NOW」
パーキングサービスを提供

「SHARE NOW」
カーシェアサービスを提供

REACH NOWアプリ

デジタルツインとCity as a Service

　「デジタルツイン」が注目されるようなってきています。IoT、AI、AR などのデジタル技術を用いて、サイバー（仮想）空間にリアル空間の環境を再現する技術で、サイバーとリアルの"双子"というイメージからデジタルツインと名前がつけられたといいます。あらゆるシミュレーションが行え、将来を予測することに役立つ新しい技術です。

　スマートシティ領域でも都市計画にデジタルツインが使われるようになってきています。たとえば、三菱地所が中心に動かしている東京駅前と皇居の間一帯の大手町・丸の内・有楽町地区（大丸有地区）のスマートシティ、清水建設が 2021 年秋の開業に向け開発を進めている東京都江東区の「豊洲六丁目 4-2・3 街区プロジェクト（仮称）」、鹿島建設らが進める羽田空港跡地の「HANEDA INNOVATION CITY」などでこの取り組みが見られます。まずは、限られたエリア内での実証実験が行われ、徐々に他地域へと展開していくと予定だといいます。

　デジタルツインが実用化されれば、都市自体がサービス化（City as a Service）されるようになってくるでしょう。

大手町・丸の内・有楽町地区における デジタルツインのイメージ

デジタル 大手町・丸の内・有楽町	デジタルによって 統合	リアル 大手町・丸の内・有楽町
デジタルツイン アプリ・エリアマネージメント・データ ライブラリ・都市OS（データ基盤）		物理的大丸有地区（リビングラボ） 快適性向上・災害ダッシュボード・新 モビリティ導入・ロボット導入

（出典：国土交通省資料より）

Part

5

バリューチェーンが鍵!?

MaaSによる
課題解決と
成長戦略

国内のMaaSビジネスには
新たな価値創造が不可欠

● 日本では移動手段をつなぐだけでは上手くいかない

いろいろな移動手段を組み合わせて（マルチモーダル）、自動車がなくても暮らせる社会づくりを目指す、フィンランド発のマルチモーダルパッケージMaaS。ある人は、自動車の鍵を持っているかのように、"あらゆる移動手段の鍵がスマートフォンのアプリの中にすべて入っているような感覚"だと表現しています。MaaSは日本のみならず、環境意識が非常に高くクルマ依存からの脱却を進める欧州でも注目されています。しかし困ったことに、欧州と日本とでは移動手段のサービスがおかれているビジネス環境が異なるため、欧州の考え方や方法をコピーして日本に持ち込んでも上手くいかないことが分かってきています。

たとえば「MaaSは儲かるのですか？」と言われることがよくあります。答えは「NO」です。MaaSアプリの代表格Whimはさまざまな移動サービスを"乗り放題にする"サブスクリプションモデルのサービスを提供して、クルマを保有する以上の新たな価値を提供するからこそ、ビジネスとして成り立っているのです。単に移動手段を組み合わせるだけでは、今以上の運賃収入を得ることができないですし、移動サービスの提供者側は手数料だけとられて減益になる恐れもあります。

新たな移動の価値を創造するためには、移動以外の分野との連携が重要です。その際必要となるのは「移動手段」から「他分野」との連携を探るのではなくベクトルを逆に向け、バリューチェーンを考えてみるアプローチです。

● MaaSビジネス成功のためには新たな価値創造が不可欠

MaaSビジネスには、これまでとはベクトルを逆に向けたアプローチによる新たな
価値創造が不可欠。たとえば、医療業界から移動を見直す、飲食業界から移動を
考えてみる、不動産業界から移動を捉えるとどうなるかという考え方をすることで
新たな価値を創造しやすくなる。

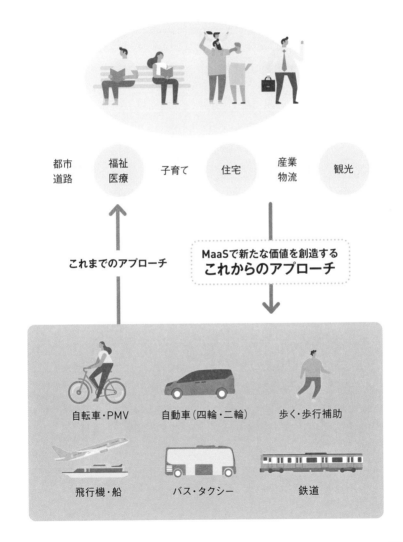

医者は病院、患者は自宅で診察?!
病院や診察の仕組みを変えてみる

● 医療系MaaS　出張サービスと遠隔医療

　医療業界の問題や課題は大きく3つあります。①高齢化、②医療従事者不足、働き方の見直し、③医療費の増加による国民皆保険の破たんの危機です。以前から病院経営が問題となっており、地方では、専門医不足で、病気になっても診てもらえない事態が生じています。

　この問題を解決するために次の3つがトレンドになっています。①高額な医療機器を購入するためにも、病院の統廃合を進めて医療機器の稼働率を上げる、もしくは病院間でシェアする。②未病予防とともに、在宅医療など、場所や時間にしばられない診療を受けられるようなニーズの高まりに対応する。③地域の病院で、患者情報を共有する。最終的にはマイナンバーカードなどとの統合も視野に入ってくるでしょう。

　このような背景の中、モビリティ×医療も期待されています。長野県の中で3番目に広い面積を有する伊那市は、上伊那医療圏で医師の数が足りておらず、新たな医療体制づくりが急務になっています。一方で、慢性疾患による定期通院患者は、経過観察や投薬が主で、病院への移動や待ち時間が負担となっています。そこでMONET Technogies、フィリップス・ジャパン、伊那市は、2019年よりモバイルクリニックの実証実験をはじめています。特徴は①医者が病院に残り、看護師が患者宅を回る点、②ヘルスケアモビリティのPCモニターを通して、薬剤師よりオンラインで服薬指導を受けることができる点、③複数のクリニックが、情報クラウドのプラットフォームを活用して、車両、ドライバーをシェアすることができる点です。

● 医療は病院で、患者は自宅で診察?!

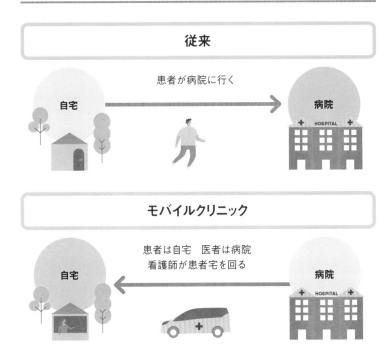

従来

自宅 　患者が病院に行く　 病院 HOSPITAL

モバイルクリニック

患者は自宅　医者は病院
看護師が患者宅を回る

自宅　病院 HOSPITAL

伊那市に導入された
移動診察車

INA Health Mobility

PHILIPS | MONET

(写真提供:MONET Technogies)

期待される新たな病院の役割。
名大にみるモビリティブレンド

● 外出サービスとセットにしたコミュニティの拠点に

　病院は治療する場としてだけではなく、健康寿命の延伸やひきこもりによる心身虚弱（フレイル）などを防止するためにも、**外出サービスとセットになったコミュニティづくり**という新たな役割が期待されています。名古屋大学COI（Center of Innovation）は、未来社会創造機構モビリティ社会研究所教授、COI研究リーダー森川高行氏を中心に、公共交通が不便な地域に住む高齢者など向けのモビリティサービスとして、**モビリティブレンド**を提唱しています。

　モビリティブレンドとは、公共交通が不便な場所を主な対象地域としていて、もともとその地域にある交通手段と、新規に導入する手段を、地域にあったかたちでうまくブレンドして、利便性の向上と選択肢の多様化を図ることを目的としています。新規に導入する移動手段は、ライドシェアや自動運転などをはじめとするCASE型の移動も活用しています。また、モビリティブレンドは単に移動手段を組み合わせるのではなく、高齢者を対象としており、共助や拠点となるモビリティセンターと連動しているのが特徴です。

　愛知県豊田市の足助（あすけ）地区のモビリティブレンドは、愛知県厚生農業協同組合連合会「足助病院」がプロジェクトの事務局を担っています。足助病院は、地域活動に理解があり、移動確保以外にもさまざまな活動を行っており、自治体、農業関係、自治会長などとのパイプも太く、持続可能な仕組みをつくりやすい環境にあります。このように病院が、モビリティに目を向けることによって高齢者の外出課題が解消される可能性があります。

● 名大COIが提唱するモビリティブレンド（Mobility Blend）

公共交通が不便な場所（中山間地域、オールドニュータウン、地方都市など）において、地域の交通手段と、新規に導入する手段をうまくブレンドして、利便性の向上と選択肢の多様化を図ることが目的。

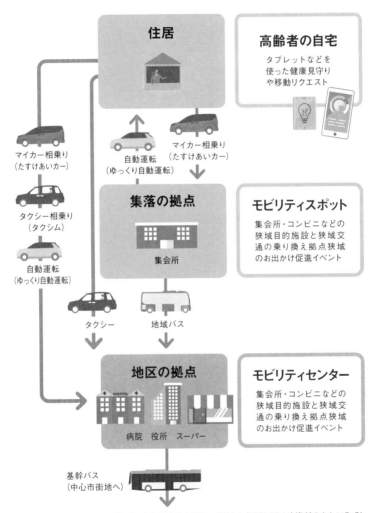

（出典：名古屋大学COIシンポジウム（2019.03.14）資料をもとに作成）

休んでいる福祉車両を有効に活用
新たな交通網の創出

● 福祉MaaS で第三の交通網をつくる

　地方ではバスやタクシーのドライバーのなり手不足や車両購入費の負担などが課題となっています。そこで注目されているのがデイサービス施設です。要支援・要介護を受けた高齢者は、通所型のデイサービスに通うことができます。デイサービスでは利用料金の中に、施設が所有するリフトが付いた福祉車両で、介護になれたスタッフに送迎してもらうサービスも含まれています。この点に着目して、**デイサービス施設間による連携とその福祉車両を使った新たな（第三の）交通網の構築**が検討されつつあります。

　デイサービスの施設は地方では大型化が進んでいます。群馬県のエムダブルエス日高は12か所のデイサービス施設を運営しており、大型の施設では最大400人が利用可能で、1日約240名が利用し、車いすのリフトが付いた送迎用の福祉車両を約200台保有しています。「送迎時にコタツの電源を消す」「失語症で話せない」「家の前の道が狭い」など各々異なるニーズに応えながら、日々の送迎ルートを検討していると非常に時間がかかり残業の温床になっていました。

　そこでエムダブルエス日高は自社で自動ルート作成システム（名称：福祉Mover）を開発し、施設利用日の利用者の送迎の劇的な効率化を実現しました。次のひらめきは、デイサービス施設が連携（相乗り）して、要支援・要介護者の外出支援ネットワーク（新たな交通網）をつくるアイディアです。追加的に、新たに人材を育成したり、車両を購入したりするわけではなく、少しの連携で要支援・要介護の方の外出を大きく変える可能性がある事例です。

● 「福祉Mover」でデイサービスの送迎インフラをライドシェア

エムダブルエス日高は自社で自動ルート作成システム（名称：福祉Mover）を開発し、送迎ルートのみならず利用者ニーズも細かく表示可能に。

福祉Moverの5つの特徴

・誰でも利用者宅に辿り着ける
・送迎計画表を楽々作成、パソコンで最適なコースを選択
・会社推奨のコースを走り、到着時間の標準化で事故も減少
・顔写真入りの注意事項を確認し、ヒューマンエラーを防ぐ
・管理画面で全送迎車の位置情報がわかる

福祉Moverの配車システム

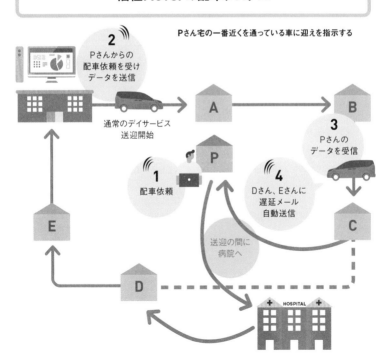

Pさん宅の一番近くを通っている車に迎えを指示する

2 Pさんからの配車依頼を受けデータを送信

通常のデイサービス送迎開始

3 Pさんのデータを受信

1 配車依頼

4 Dさん、Eさんに遅延メール自動送信

送迎の間に病院へ

住民の自家用車を活用した
公共交通の創造

● スマホのUberアプリを使って即時配車

　2016年5月に京都府京丹後市丹後町ではじまった「ささえ合い交通」が高い注目を集めました。NPO法人気張る!ふるさと丹後町が運行主体で、**住民がドライバーとなり住民ドライバーの所有するクルマを使って、住民と観光客も運ぶライドシェア型の公共交通を、自治体などからの補助金なしで実現させた**からです。

　ささえ合い交通は道路運送法にもとづく公共交通空白地有償運送で、ドライバーが"有償"で運送することができます。特徴は、利用者がクルマを呼ぶ場合、ドライバーが利用者のところへ向かう場合など、**Uberのスマホアプリのシステムを使って行っている**点です。さらに住民ドライバーは運行できる時はアプリを「オン」、運行できない時はアプリを「オフ」に切り替えることができ、意思表示を自由にできます。一般的にはドライバーは事務所に待機をしないといけないため、拘束時間が長くなってしまいがちです。ささえ合い交通は、どこでも待機ができるため、女性も協力がしやすい仕組みになっています。Uberを使えば運行管理にかかるコストを抑えることができ、住民ドライバーの拘束時間を低減できるため、行政からの補助金を受け取らずに独立採算で運行が可能となっています。

　また安全対策も徹底されています。**安全運行、接客、事故対応など十七項目を記したドライバー憲法十七条を制定**し、アルコールチェックや健康状態の確認や、近畿運輸局に登録されたドライバーであることを証明する「運転者証」を車内に掲示し、車両の定期点検の義務化などしっかりとした仕組みで運営されています。

ドライバー憲法十七条

【安全運行の条項】

〔一条〕　心して安全な運行に務める

〔二条〕　運行前には「運行管理者」または「代務者」による対面チェックを受ける

〔三条〕　利用者が降車後、利用結果を「運行管理者」へ連絡する

〔四条〕　飲酒運転は絶対にしない

〔五条〕　健康管理には十分注意し、突発症状が生じないよう気をつける

〔六条〕　一日の運行が終わったら、アプリを「オフライン」にして運行完了とする

【丁寧で清潔な対応の条項】

〔七条〕　利用者への応対は丁寧にかつ親切に

〔八条〕　車と身だしなみはいつもきれいに清潔に

〔九条〕　『ささえ合い交通』のマグネット標識を車に必ず貼付る

〔十条〕　『ささえ合い交通』の運転者ジャンパーを着用する

〔十一条〕　配車を受けたら迅速に迎えに行く

【事故対応の条項】

〔十二条〕　事故発生時は、乗客や事故に遭った方の安全確認を第一に行う

〔十三条〕　乗客等が緊急を要する場合は、先に救急車を呼ぶ

〔十四条〕　その後、直ちに「運行管理者」に連絡し、指示を受ける

〔十五条〕　「運行管理者」は必要に応じて代車を手配する

【禁止条項】

〔十六条〕　丹後町区域外からの配車や乗車は絶対受けない

〔十七条〕　京丹後市域を越えての運行はしない

（出典：「NPO法人　気張る！ふるさと丹後町」ホームページより）

新たな広告代理店の出現?!
地域スポンサーの協賛で採算性を

● 発想の転換で、モビリティのビジネスモデルを見直す

　2019年度グッドデザイン賞を受賞したモビリティサービスがあります。高齢者など向けの地域内移動サービス「チョイソコ」です。自動車部品メーカーのアイシン精機が事業主体です。チョイソコが評価された点は、**"エリアスポンサーを募る"というビジネスモデル**です。広告収入やスポンサーを募るといった発想が既存の地域内移動サービスにはないものでした。

　チョイソコは定時停路線を走るバスや1個人に対して送迎サービスを提供するタクシーではなく、依頼に応じて迎えに行き複数人が乗り合わせるデマンド型乗合交通です。デマンド型乗合サービスは以前から各地で提供されているサービスで、自治体が主体でサービスを提供しているため、非効率な運用状況が続いており、そのほとんどが赤字です。なんとか赤字体質から転換するために考案されたのが、通院・買物用のみならず、**外出を促すイベントを企画したり、目的地となるエリアスポンサーからお客様の誘導に対してお金を出してもらったりする仕組み**でした。

　チョイソコは2019年に愛知県の豊明市で「チョイソコとよあけ」として初のサービスを開始しました。チョイソコのサービスがはじまった2019年は、アイシン精機の社員が1件1件営業に出ていましたが、最近では営業をしなくても声がかかるようになってきています。

　MaaSを検討する自動車販売店もチョイソコに注目しています。群馬トヨタ、ネッツトヨタ神戸など10を越える地域で広がっていっています。

● 乗り合い送迎サービス「チョイソコ」の特徴

高齢者利用に最適化された運行システム

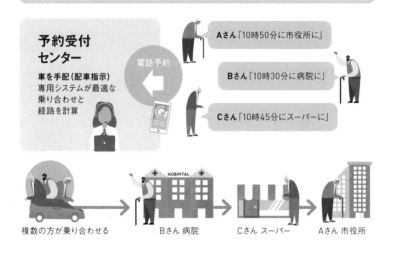

予約受付センター

車を手配（配車指示）
専用システムが最適な
乗り合わせと
経路を計算

電話予約

Aさん「10時50分に市役所に」

Bさん「10時30分に病院に」

Cさん「10時45分にスーパーに」

複数の方が乗り合わせる　　Bさん 病院　　Cさん スーパー　　Aさん 市役所

エリアスポンサー協賛型のビジネスモデル

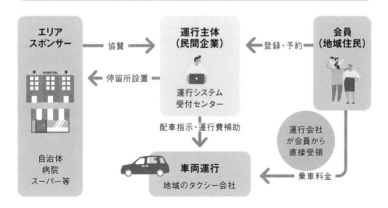

エリアスポンサー ──協賛→ **運行主体（民間企業）** ←登録・予約── **会員（地域住民）**

←停留所設置──

自治体
病院
スーパー等

運行システム
受付センター

配車指示・運行費補助

運行会社が会員から直接受領

車両運行
地域のタクシー会社 ←乗車料金──

（出典：アイシン精機「チョイソコ」資料をもとに作成）

観光の感動体験をMaaSで提供

◉ 地域コンテンツをバリューチェーンとしてつなぎ新たな価値を

　日本の公共交通はマーケティングが苦手だといわれています。そこに一石を投じ続けているのがWILLER（ウィラー）です。2006年に運行を開始した高速ツアーバスWILLER EXPRESSはバス業界から反発を受けながらも若者のニーズを汲みとり新たなバスのあり方を提案しました。また2014年にはWILLER TRAINを設立して、京都北部の京丹後鉄道の運行部分を引き受け、ユニークな手法で路線を活性化させ注目が集まりました。ウィラーの次なる一手はMaaSです。WILLERSアプリで、旅行者が「行きたい」と思ったときに、観光情報と交通手段を一括して検索・予約・決済ができる仕組みをつくり、**旅行者に自分だけの感動体験を届けようとしています。**

　旅行代理店の最大手JTBもMaaSに取り組んでいます。これまでは大阪、福岡などの都市部にホテル機能を提供することが中心でした。しかしこれからは都市以外の地域にも拠点をつくり、"新しい送客エンジン"と"地域のコンテンツをまとめるバリューチェーンの仕組み"となるプラットフォームをセットで仕掛けることが大切となると考えています。JTBにはこれまで自治体などからのオーダーをベースに、観光情報サイト、決済システム、マーケティング支援、鉄道駅からの移動手段づくりなどさまざまな基盤がありますが、それらは単体として存在し、機能していないものが数多くあります。このバラバラにある地域の機能を1つのプラットフォームでまとめて、**稼ぐ価値を創造するフレームをデジタルでつくりたいと考えています。**

● 観光型MaaSに必要な機能をワンストップで提供する

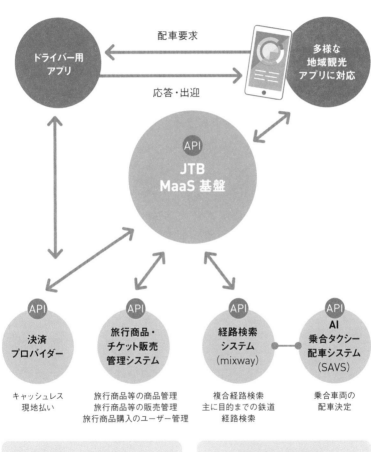

JTB MaaS API Gatewayのイメージ

配車要求

ドライバー用
アプリ

応答・出迎

多様な
地域観光
アプリに対応

API
JTB
MaaS 基盤

API
決済
プロバイダー

API
旅行商品・
チケット販売
管理システム

API
経路検索
システム
（mixway）

API
AI
乗合タクシー
配車システム
（SAVS）

キャッシュレス
現地払い

旅行商品等の商品管理
旅行商品等の販売管理
旅行商品購入のユーザー管理

複合経路検索
主に目的までの鉄道
経路検索

乗合車両の
配車決定

旅行商品の販売機能

目的地移動手段検索
乗合タクシー予約機能

（出典：JTBホームページをもとに作成）

みんなが愛用するLINEを
MaaSアプリとして活用

● モビリティサービスと連携させたLINE の観光サービス

　LINE、Facebook、Twitter。**モビリティサービスに切っても切れ
ないものになりつつあるのがスマートフォンとコミュニケーション
ツールです。**特にLINEは日本、台湾、韓国などで老若男女問わず
広い層で愛用されています。2020年には新型コロナウイルスの感染
確認のために東京都などがLINEと連携したように、日本においては
公的な機関もLINEを活用しはじめています。

　2019年には、福岡で開催されたG20に合わせて、会議関係者や海
外メディア関係者対象にトライアルとしてG20 FUKUOKA LINE公
式アカウントが提供されました。G20 FUKUOKA LINE公式アカウ
ントには、「キャッシュレス決済+コミュニケーション」機能が付け
られました。国籍や興味関心事など属性を入力して「検索いらずで
観光地やお店を知る」「通訳いらずで商品を注文する」「財布いらずで
支払いをする」という一連の観光体験がスムーズにできたようです。
観光地や飲食店情報は、TwitterやInstagramのビッグデータからリ
コメンドを出すようになっているので、属性に応じた最適なものが
出せるわけです。

　LINE Fukuokaはこのサービスにだけでなく、西鉄電車LINE公式
アカウントで「きっぷ購入」「沿線スポット案内」を実施したり、福岡
市地下鉄とはLINEミニアプリを活用した「デジタルきっぷ販売」の
実証実験など、LINEを活用したMaaSに挑戦しています。**LINEを活
用したモビリティサービスを推進することで、福岡を日本トップク
ラスのスマートシティにしようとしています。**

● G20 FUKUOKAで提供されたLINEによるサービスイメージ

2019年6月8日、9日に開かれた「G20福岡　財務大臣・中央銀行総裁会議」で、「LINEでスマートなおもてなし」として、関係者向けに「キャッシュレス決済＋コミュニケーション」機能が、公式アカウントを通してトライアル提供された。

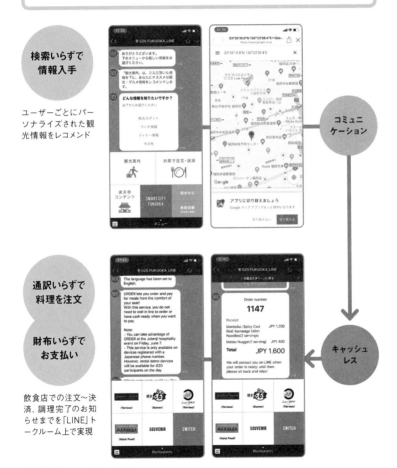

LINEでスマートなおもてなし

**検索いらずで
情報入手**

ユーザーごとにパーソナライズされた観光情報をレコメンド

**コミュニ
ケーション**

**通訳いらずで
料理を注文**

**財布いらずで
お支払い**

飲食店での注文〜決済、調理完了のお知らせまでを「LINE」トークルーム上で実現

**キャッシュ
レス**

（画像提供：LINE Fukuoka）

Universal MaaSで
高齢者・障害者の移動を変える

● 誰もが移動をあきらめない世界の実現を目指して

　日本国内には高齢者および何らかの障害を持つ人は、全人口の約3割の4000万人いるといわれています。その内、**外出を躊躇して、思うように移動できていない人は約800万人にのぼると推定**されます。「この移動躊躇層は数多くの課題を抱える"イノベーションの種"だ。マーケットが成熟していない分まだまだやりようがあるのではないか？」と全日本空輸（ANA）の大澤信陽氏の活動からはじまったのが、「Universal（ユニバーサル）MaaS」です。SDGsにも「誰ひとり取り残さない」と掲げられているように、**障害者だけを特別扱いせずにすべての人が使える「ユニバーサルデザイン」**の考え方を取り入れています。

　現在、車いす利用者などは個別に交通事業者などに連絡を取って、自身の状況を説明して介助を依頼する必要があります。これが外出を躊躇する要因となっています。そこでユニバーサルMaaSは、MaaSアプリなどを用いて公共交通機関の運賃、運航・運行状況、バリアフリー乗り継ぎルートなどの情報を利用者に提供するとともに、利用者のリアルタイムな位置情報や利用者が必要とする介助の内容を交通事業者、自治体、大学が共有し連携することにより、シームレスな移動体験を実現しようとしています。

　2019年頃からANAが推進役となり、京浜急行電鉄、横須賀市、横浜国立大学らと実証実験を通じた仲間づくりが進み、国土交通省で2020年7月に「ユニバーサル社会におけるMaaSの活用方策についての研究会」が立ち上がるなどその輪が広がっています。

「ユニバーサルMaaS」の考え方

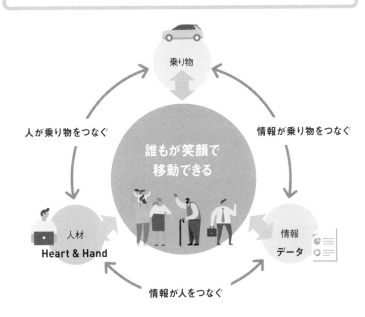

2020年2月、ANA、京浜急行電鉄、横須賀市、横浜国立大学は、ユニバーサルMaaSの社会実装に向けた連携を発表。公共交通機関の運賃、運航・運行状況、バリアフリー乗り継ぎルートなどの情報の提供をはじめ、利用者のリアルタイムな位置情報や利用者が必要とする介助の内容を交通事業者、自治体、大学が共有し連携することにより、シームレスな移動体験を実現する。

（写真提供：ANA）

ビジネスモデルが組みやすい
不動産×MaaSで住宅の価値向上を

● 不動産＋移動手段で新たな価値を生み出す

　マンション選びでは、駅からの所要時間が重要視されます。また、老後の生活も安心して暮らせる住環境であることや、若い世代ではクルマ所有よりも自分のライフスタイルや目的にあった移動手段の利用を好む傾向があります。

　移動手段とビルやマンションはMaaSビジネスモデルを考えやすくMONET TechnologiesやMaaS Global社（Whim）の提案などに後押しされ、2020年から**不動産各社はさまざまなチャレンジを発表し**はじめました。

　不動産業界最大手の**三井不動産はWhimと連携**して、マンション住民向け複数交通機関のサブスクリプションサービスの実証実験を、柏の葉、日本橋、豊洲で2020年内に開始すると発表しました。Whim10、Whim5、Whim2の3つのプランを用意し、バス、タクシー、カーシェア、自転車シェアをプランの枠内で乗り放題にするというものです。

　また**日鉄興和不動産はMONET Technologies**とともに、マンション住民向けMaaS「FRECRU（フリクル）」を2020年2月から、新たなマンションの購買体験を提供する取り組み「Smart Class」を2020年11月からはじめました。

　都市部だけではありません。徳島市発のタクシー業界の注目株の**電脳交通と住宅系上場企業「フィット」**は、家具・家電・Wi-Fi、移動費を込みにした賃貸住宅を家賃19,800円から提供するプロジェクト「電脳Fit住宅」を2020年10月に打ち出しています。

● 三井不動産の目指す「不動産×MaaS」による街づくり

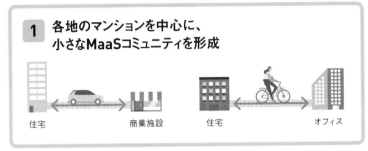

1 各地のマンションを中心に、
小さなMaaSコミュニティを形成

住宅　　　　商業施設　　　住宅　　　　　オフィス

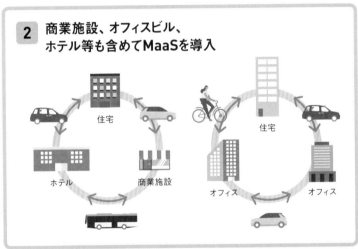

2 商業施設、オフィスビル、
ホテル等も含めてMaaSを導入

住宅　　　　　　　　　　住宅

ホテル　　商業施設　　　オフィス　　オフィス

3 小さなMaaSコミュニティ間をつなげて、
都市の活性化と付加価値向上を目指す

Aエリア　　　　　　　　　　　　Bエリア

（出典：三井不動産ニュースリリースをもとに作成）

カーボンニュートラルへの挑戦。
新・成長戦略、エネルギー×MaaS

◉ エネルギー業界もEVを活用したMaaSに注目

　自動車業界にとって、**デジタルテクノロジーによる第4次産業革命とともに、エネルギー革命も脅威**です。自動車を走らせるためには必ずエネルギーが必要となります。

　これまではガソリンが中心でしたが電気へと変わりつつあります。参入障壁の低いEVにおいて、イーロン・マスク率いるアメリカのテスラ（Tesla）や中国勢が、老舗の自動車メーカーを追い抜こうとしてきています。

　また欧州で先んじてガソリン車の締め出しがはじまりましたが、日本でも2020年に2050年までにカーボンニュートラルを実現する目標が掲げられました。

　このような背景から、カーシェアや自動運転サービスなど、**MaaSにおける車両はEVへと変わっていく**でしょう。EVは駐車している間も蓄電池として活用することができ、街全体のエネルギーマネージメントの一部に組み込もうとする動きは、2010年代に入ってから活発化しています。EVの普及の遅れや、EV活用が目的化し、ビジネスとして成り立ちにくいこともあり、最近では注目が薄れていましたが、2021年から再熱するのではないかと思われます。

　早稲田大学や本田技研工業はMobility as a Service（MaaS）と次世代電力供給エネルギー最適化サービスEnergy as a Service（EaaS、エアース）を合わせた**E-MaaS（イーマース）** という概念を打ち出しています。また東京電力、関西電力、九州電力、中部電力などの電力会社も電気エネルギーとMaaSに2019年頃より励んでいます。

● 都市課題とE-MaaS構想

早稲田大学理工学術院 林泰弘教授のチームでは、従来個別に研究されてきた電力セクター、交通セクターを一体的にモデル化し、シミュレーションの実行で統合的に最適化する「時空間マルチダイナミクス予測エンジン」を開発。CO2の削減と公共交通分担率向上の同時達成といった社会課題解決の支援を目指すE-MaaS構想の研究を進めている。

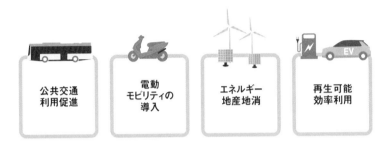

公共交通
利用促進 / 電動
モビリティの
導入 / エネルギー
地産地消 / 再生可能
効率利用

公共交通
分担率
3倍

E-MaaS構想

CO2削減
100%

観光
インバウンドの
促進 / 賑わいのある
街づくり / 子育てに
優しい街 / 災害に強い
都市

（出典：早稲田大学ニュースリリースをもとに作成）

Index _____

■ 問い合わせについて

本書の内容に関するご質問は、下記の宛先までFAX または書面にてお送りください。
なお電話によるご質問、および本書に記載されている内容以外の事柄に関するご質問にはお答え
できかねます。あらかじめご了承ください。

〒162-0846
東京都新宿区市谷左内町21-13
株式会社技術評論社　書籍編集部
「60分でわかる！　MaaS　モビリティ革命」質問係
FAX:03-3513-6167

※ご質問の際に記載いただいた個人情報は、ご質問の返答以外の目的には使用いたしません。
　また、ご質問の返答後は速やかに破棄させていただきます。

60分でわかる！
MaaS　モビリティ革命

2021年4月2日　初版　第1刷発行

著者………………………楠田　悦子
発行者……………………片岡　巌
発行所……………………株式会社 技術評論社
　　　　　　　　　　　　東京都新宿区市谷左内町 21-13
電話………………………03-3513-6150　販売促進部
　　　　　　　　　　　　03-3513-6160　書籍編集部
担当………………………伊東　健太郎
装丁………………………菊池　祐（株式会社ライラック）
本文デザイン・DTP…遠藤亜由美、土屋和浩（glovetokyo）
製本／印刷…………………大日本印刷株式会社

ISBN978-4-297-11880-8 C0036
Printed in Japan